平民詩人王學忠

賀敬之題

中國當代平民詩人
王學忠詩歌箚記

陳福成著

文學叢刊

文史哲出版社印行

國家圖書館出版品預行編目資料

中國當代平民詩人王學忠詩歌箚記 / 陳福成
著. --初版 -- 臺北市：文史哲,民 101.04
頁； 公分（文學叢刊；268）
ISBN 978-986-314-025-2（平裝）

1.王學忠 2.新詩 3.詩評 4.文集

851.486 101006708

文 學 叢 刊 268

中國當代平民詩人
王學忠詩歌箚記

編 著：陳 福 成
出 版 者：文 史 哲 出 版 社
http:// www.lapen.com.tw
e-mail：lapen@ms74.hinet.net
登記證字號：行政院新聞局版臺業字五三三七號
發 行 人：彭 正 雄
發 行 所：文 史 哲 出 版 社
印 刷 者：文 史 哲 出 版 社
臺北市羅斯福路一段七十二巷四號
郵政劃撥帳號：一六一八〇一七五
電話886-2-23511028 · 傳真886-2-23965656
定價新臺幣三八〇元
中華民國一百零一年（2012）四月初版

ISBN 978-986-314-025-2 08268

序：書前說明・寫作動機

這是一本讀詩手記，讀的是當代中國「平民詩人」王學忠的詩歌作品。原先的動機是希望成爲一本研究論文集，因時間、資料不足，故說「研究」有些免強；但我寫作過程也算嚴謹、慎重，說是「劄記」似過於簡略。只好「研究、劄記」並陳，到底何種體例，我就丟給讀者閱後做判斷、公論了。

本書主要研讀王學忠已出版的全部著作，他被當代中國詩壇稱爲「平民詩人」（也有稱人民詩人、地攤詩人、工人詩人、工人階級詩人、無產階級詩人、鄉土詩人、中原詩……）。他已出版的詩集及相關評論著作，依年代順序如次：

《未穿衣裳的年華》，河北少年兒童出版社（石家庄），一九九〇年十二月，第一版。

《善待生命》，香港現代出版社（香港），一九九九年，八月。

《流韻的土地》，中國文聯出版社（北京），二〇〇〇年元月，第一次印刷。

《挑戰命運》，內蒙古人民出版社（呼和浩特市），二〇〇一年五月，第一版。

《平民詩人王學忠》，青海人民出版社（西寧市），二〇〇三年四月。第一版。（余小剛、申誘琴主編）

《雄性石》，中國文史出版社（北京），二〇〇三年十一月，第一版。

《王學忠詩稿》（Selected Poems of Wang Xuezhong），中國戲劇出版社（北京），二〇〇五年五月，第一版。（申身選編，楊虛翻譯）

《太陽不會流淚》，中國戲劇出版社（北京），二〇〇五年十一月。

《王學忠詩歌現象評論集》（A Collection of Criticisms on the Phenomenon of Wang Xuezhong's Poems），北京藝術與科學電子出版社（北京），二〇〇六年十一月，第一版。（吳投文、錢志富主編）

《王學忠詩歌鑒賞》（Appreciating Wang Xuezhong's Poems），中國廣播電視出版社（北京），二〇〇八年三月，第一版。

《地火》，北京藝術與科學電子出版社（北京），二〇〇九年四月，第一版。

為什麼要選擇王學忠的詩歌？直接的說，是為什麼要選擇王學忠這位還算年青（約五十幾）的詩人？做為我的研究對象，這是重點中的核心問題。

當代中國詩壇，盡管有詩人或寫詩的人，可能上看數十萬乃至百萬，甚至五百萬（含台灣地區），比兩岸正規軍總數要多，可謂中國當代「詩之大軍」。（註一）

這數百萬詩之大軍，九成以上對於新詩，大概止玩票、消遣、欣賞、偶爾寫幾首把玩，這是初階層次。更進而正式走入詩壇有心耕耘、創作者，加上有興（性）趣，便在各種版面發表作品，但時間不會太久，維持幾年也就停筆，這是第二層次。

進到第三層次是持之以恆者，經營詩刊、詩社、出詩集、創作寫作一輩子；或在學校教授、研究，成為他的工作。這個層次的詩人，對詩不僅有興趣，且對中國當代詩之推展、教育有使命感，但他的使命感僅及於詩，或者也上昇更高層次，但不夠強烈。

有最強烈的使命感，是詩人詩品與國家興亡、民族興衰掛在一起，真誠直接關注著國家發展方向和社會整體利益。說「國家、民族、社會」或許你說太抽象了，直白的說，是和廣大的人民群眾站在一起，以民心為我心，詩人與人民合體了。星雲大師常說：「以眾生心為我心」，正是這個層次，我把他稱「詩人的最高層次」，能到這樣境界的詩人有幾？古今以來，極少極少。

我心中的王學忠，正是這個層次的詩人。王學忠在寫給老詩人劉章的信中說：「我認爲，寫詩，不應該僅僅用筆寫，甚至用心寫也不夠，而應該用血寫。」（註二）這世間的作品有那些用「血」寫成的，有！文天祥的「正氣歌」，岳飛的「滿江紅」，林覺民的「與妻絕別書」……，以及王學忠的詩。讀王學忠詩歌，你的直覺是：

黃河浪花億億朵，你是那朵最鮮紅的血色浪花。
長江巨濤萬萬波，你是那波最清醒的靈魂真華。

文學的類別和範圍無限多又廣，沒有人能說的清楚，打開十本文學理論書本本都不同。不過其中一種叫「純文學」，早年我聽前輩文壇大老說，純文學就是純純的文學，乾乾淨淨的文學，無涉政治鬥爭，不談社會黑暗，更不浪費墨水去講述紅羊浩劫等等；純文學是一個獨立於紅塵世界以外的單純世界，浪漫唯美的世界，遠離這個世界的一切苦難；純文學是……

成長過程中，文學始終是我的一項「興趣、樂趣」，曾經也很注意這個「純文學世界」，想要找尋這樣的文學、這樣的世界。一度以爲山水田園派（陶淵明、王維、孟浩然等）、竹林七賢（阮籍、嵇康、山濤、向秀、阮咸、王戎、劉伶）……他們是，慢慢的成長，慢慢的讀他們的作品，發現都不是。甚且發現，這些想要逃避紅塵黑暗、腐敗的追殺者，其實他們涉世更深，無從逃避！

提起你的筆，挺直你的脊梁，以真誠、勇敢的面對這個世界，面對一切黑暗、腐敗；面對人民，以老詩人賀敬之爲王學忠《地火》詩集的書法提字，代表我此刻研究王學忠詩歌的心情：「從生活底層踏上精神高地　爲弱勢群體唱出時代壯歌　向工人詩人王學忠同志學習」。（一個台灣人讀王學忠的不同觀點，陳福成　二〇一二年三月草於台北萬盛草堂）

註釋：

註一：陳福成，《洄游的鮭魚》，文史哲出版社（台北），頁八十七。

註二：吳投文、錢志富主編，《王學忠詩歌現象評論集》（北京：北京藝術與科學電子出版社，二〇〇六年十一月），頁一〇一。

中國當代平民詩人王學忠詩歌箚記

目　次

第二輯　王學忠詩歌劄記

9 照 片

文學會議發言中的王學忠，取自《太陽不會流淚》詩集

《地火》詩集上的王學忠

作者自白

王學忠，男，河南省安陽市人。母親說生我時雖是春天，草卻還未發芽，父親說不識字是從祖上傳下來的。自己有幸讀過五年小學，雖說少了點兒，但童年的故事很豐富，悄悄地記下來了，別人說是詩。投到報刊一試，便發表了。父親母親都很高興，兄弟姐妹們還爲我拍巴掌，而我卻有些不安……

王學忠在《未穿衣裳的年華》詩集的照片和告白

王學忠《挑戰命運》詩集上的照片

11 照 片

工作中的王學忠，取自《平民詩人王學忠》作品百家談

工作中的王學忠，取自《雄性石》詩集

平民詩人王學忠
賀敬之題

第一輯　王學忠詩歌研究

苏　龙
SU LONG

《未穿衣裳的年華》

——王學忠十一本書中我的最愛

很快看完這本書，就像自己的童年回憶，我要說這是我至今讀過王學忠的十一本書中，最喜歡的一本，是我的最愛。原因是你在賞讀每一首詩，都像進到一個純真、無邪、美麗又有趣的世界，在那一刻，你到了一個無憂無慮的場景，沒有煩惱！

這世界那裡沒有煩惱？想必菩薩也有煩惱！但《未穿衣裳的年華》裡沒有煩惱，無憂無愁！只有無邪的童趣，只有無邊的想像！

反之，遠離了《未穿衣裳的年華》，詩人一天天長大，我一路往下讀王學忠的詩集，越往後煩惱越多，情緒越來越激動。讀到《挑戰命運》一書，便開始要跳腳、捶胸、罵娘（台灣話叫三字經），不必讀《地火》，已是滿腔熱血，一肚子火！

所以囉！讀《未穿衣裳的年華》（以下簡稱《未穿》），內心平靜、快樂，不時臉上泛著微笑。是故，本文只談詩，打開王學忠的童話世界，不談國家民族，不論社會發展，不提下崗的悲情。

從《未穿》到《地火》一以貫之

《未穿》是一本童詩，寫的是王學忠童年時代的童話王國故事，出版時間是一九九○年，這年王學忠應是三十四歲；而《地火》出版時間是二○○九年，兩書相隔二十年，王學忠已五十幾歲的中年人了，我爲何說從《未穿》到《地火》一以貫之？？

賞讀《未穿》，與他後來出版的各書比較，及各界詩評家剖析，不難看出所謂的「王學忠詩歌現象」，在《未穿》這本童詩已有清析的「影子」。正確的界定，應該說掀起千層浪的王學忠詩歌現象，基因（Gene）早已「種」在他的每一首童詩，天生的血統（Genealogy）怎麼變也變不了，硬是要變，就會成爲四不像！

在我看來（指讀他各時期的作品），童年的王學忠、青年的王學忠和現在中年的王學忠，本質上是不變的。人的基因（含性格、風格、特質）本來不變，除非產生「頓悟」或「突變」，這種情況極少。所以，我說從《未穿》到《地火》一以貫之，以下各項所論都是一以貫之。

押韻與創意造句

王學忠的詩大多押韻，好讀、好念、順口，又使用「老百姓的語言」，大家聽得懂，才會引起共鳴，他的每一本詩集都有這種風格。舉《未穿》幾首詩的片段：

摘把梧桐葉做幕幔
小院兒當戲台
一聲口哨響
幔幕徐徐拉開

「演戲」第一段

奶奶從未離開過蟈蟈
即便去鎮上趕集
也忘不了把心愛的葫蘆
揣在心窩

葫蘆裡的蟈蟈
是響在山裡的廣播

「奶奶的蟈蟈」末兩段

學忠的詩大多押韻，且創意造句很有獨特的風格。創意是一種「破壞的建設」（Constructive destruction），揚棄陳腔舊調，創新的感覺、新的意象、新的詞句。舉其幾首詩的段落：

媽媽說女孩子大了都要做媽媽
為啥女孩子大了
一定要做媽媽呢
等明兒我長大
偏不做媽媽
偏要做爸爸

「爸爸・媽媽」前部份

把記憶投入小溪
青青的波紋
濺起幾圈天真

「記憶」第一段

天空越拽越低
童年越放越高

「放風箏」末段

王學忠的詩愛用押韻，如前面的「幔」、「台」、「開」，及「蟈」、「窩」、「播」，直到他以後的作品均如是。他的創造新詞句，產生新的美感，勇於對成規（女孩子長大要當媽媽），進行破壞性的逆向思考（偏要做爸爸），除創意也要彰顯童趣的天真、可愛。而「**天空越拽越低／童年越放越高**」，是很高明的創句，讓高低產生對比之美，也隱含童年一去不回，年齡越來越高的意象。

慈悲、仁愛與深情：《善待生命》的基因在此

《善待生命》是王學忠一九九九年的著作，但讀書讀過一定發現原來基因在《未穿》，乃至再往後，他對廣大的勞苦人民群眾那份深情，與最底層的人民站在一起，那基因也在這本小小的童詩集裡。

爸爸吃了蒲公英
蒲公英能不疼嗎

「爸爸．蒲公英」二段前二句

爸爸從山上回來
獵槍上挑著一串色彩斑斕的小鳥
小鳥們睡的真香
身上流了血都不知道
爸爸，它們還會醒來嗎

山上不能沒有歌聲呀

「小鳥」前段

抱著死去的大公雞
我撲在媽媽的懷裡哭了
大人們的心怎麼那麼狠哪
為啥一定要殺死大公雞呢
明天早晨沒了大公雞
天還會亮嗎
太陽還會出來嗎
沒了太陽
我和小伙伴兒怎麼玩兒呢
再說，丟下的母雞
能不寂寞嗎
媽媽，你怎麼看著爸爸殺死大公雞

竟不說一句阻止的話呢

「大公雞」

我看王學忠的慈悲世界裡，十歲、二十歲……五十歲……都不會改變的是，蒲公英、小鳥、草莓、大公雞、母雞、小灰鼠、雪人、蝴蝶、星星、小雨、糖紙穀、大地、小花狗、羊肉串兒、小山羊……都是朋友，都要珍惜愛護的對象，這種童真的美和善，會始終在王學忠的血液中流動，六十歲、七十……如是……小鳥、小灰鼠這些小生命他都牽掛著，他所面對的那些勞苦的人民群眾，也就很自然的成爲詩的主題和內涵，因爲他牽掛著那些民工、車夫、肥姐、惠妹，以及社會問題、政治腐敗等，他不忍蒼生的苦難……

豐富的童趣使童年寫真昇華

有人認爲最好的童詩，必須是由真正的小朋友才寫得出來，我相信這是「一家之言」，也有道理。但爲什麼寫童詩、經營童詩詩刊，乃至出版童詩集大多是大人們？我認爲童趣是很重要的元素，「童趣」是要小朋友看了也覺得有趣才行，不能光是大人覺得有趣（不夠的）。而要有「童趣」，大人必須保有純真的童心，無雜念，無邪念，加上豐富的想像力，才有生動的童趣。前面所引各詩，每一首都能吸引小朋友的注意力，再引兩首雅賞：

青夜，和風
妹妹笑著跑來
「哥，我捉了一顆星」
我掰開妹妹的手
呵，飛走了
一隻閃光的螢火蟲
妹妹跺著腳哭了
「你賠我
賠我星星……」

「賠我星星」

爸爸說星期天給我吃羊肉串兒
星期天很快便伴著羊肉串兒來了
呼呼呼呼的寒風在窗外刮
熱騰騰的羊肉串兒在爸爸手上轉
哥哥卻說羊肉串兒就是活蹦亂跳的小山羊
這怎麼可能呢
小山羊就是小山羊
羊肉串兒就是串肉串兒
小山羊怎能變成爸爸手裡的肉串兒呢

「羊肉串兒」前半段

那一首「賠我星星」寫的最是可愛，那是傳統農業社會小朋友的愉樂活動，從未有人能詩化成這麼富有童趣的情境。而「羊肉串兒」從大人思維當然是邏輯不通，但詩並非邏輯，尤以兒童的思維情境，沒辦法把「活蹦亂跳的小山羊」和「羊肉串兒」連結，知道了就引動了同情心。絕大多數小朋友不會有這種連結，也不可能引動同情心，都是只管吃，但王學忠不一樣，這或許是他後來在詩壇掀起千層浪的基因吧！

為什麼？為什麼？王學忠為什麼特別多？

「爲什麼？爲什麼？」是世上所有兒童成長過程中，一定會碰到，顯現的一種必然現象，多少而已。教育學家認爲應該鼓勵小朋友勇於發問，多問表示小朋友對這個世界的好奇心正在啓動。我想王學忠童年時是個「好奇寶寶」，他的爲什麼特別多！表現於詩，含著豐富的童趣、詩意及無邊的想像力。

瞧人家小鴨子
在池塘裡游得多帶勁兒
有時還扎猛子呢
媽媽，爸爸怎能因為小不帶我去呢

「游泳」後段

媽媽，為啥奶奶見了大肚子泥人兒就磕頭呢
那個大肚子泥人兒是咱家的什麼人
奶奶為啥對他那樣好呢

「燒香」末三行

姐姐還說大地是所有人的媽媽
這怎麼可能呢
難道媽媽姥姥還要叫大地叫媽媽嗎

「大地．媽媽」末三行

爸爸說小猴子、小花貓的爬樹本領
是它們的媽媽教的
媽媽，你為啥只教我唱歌、寫字
不教我爬樹呢

「爬樹」末四行

靈動鮮活的想像力是詩的「點金棒」

想像力讓石頭變成金，這是詩人都知道的事，但知道和做到是兩回事，就算做到，做的好不好，高不高明，都是關鍵因素。讀王學忠這本《未穿》童詩集，也發現每一首詩都有無邊想像力，包含前面所引那些詩句，再讀幾首想像力豐富的作品。

昨晚我也做媽媽了
真的，爸爸給我買的那只布娃娃
突然會說話了
那張紅潤潤的小嘴兒一動
還叫了我一聲媽媽

「夢」前五行

哥哥總說自己最勇敢
還說如果菩薩讓他保護唐僧取經

也一定能捉許多許多的壞蛋
那太陽回家的時候
他為啥不去西山把太陽捉來呀
用網兜兜起來
掛在媽媽的紡車旁
媽媽晚上紡線
不就不用點燈了嗎

「太陽」

凡此，讀了超有趣、超爆笑，且童心十足的詩，可謂整本都是。如這首「太陽」，想像力產生的張力美感，與「黃河之水天上來」，同樣高明。《未穿》是王學忠至今所有詩集，我最喜歡的一本。

如果說這本《未穿》和《挑戰命運》、《雄性石》等有何不同?我只想說，讀《未穿》無憂無慮，啥都不想；而讀《雄性石》那幾本，卻想起來造反！

《善待生命》：從靈山淨土到五濁世界

賞讀王學忠前一本童詩《未穿衣裳的年華》，像處在一個純真純潔的世界，那是一片靈山淨土。而這本《善詩生命》，詩人已進到一個五濁世界，就是這座是非善惡黑暗與光明並存的人間世界。

從靈山淨土到五濁世界，中間隔了九年，我沒有去研究王學忠這九年在幹啥！想必工作、寫詩吧！但從一個世界到另一個世界是很大的「跳躍」。詩人開始有自己的主張、自己的看法，對自己和客觀世界存在的落差，詩人也有自己的堅持，乃至批判世界的黑暗面，幾首被詩評家贊賞的詩也在《善待生命》詩集出現。

「小小的心願」是王學忠的「詩人宣言」

《善待生命》第一輯「小小的心願」，是王學忠向這個世界公告的「詩人宣言」，寫的就是自己，也就是主觀世界的「我」。但詩的奇妙處在於主客觀引起的交融，才有我的宣言。從「我詛咒你，春天的寒流」、「不能向你說」、「常春藤」、「草兒」、「墻角」、「種子」、「我的詩」、「因爲我是詩人」、「我的心隱隱作痛」、「我思念陽光」等，都是王學忠自我剖析、宣告信念的詩作。

「草兒」一詩以草借境，訴說自己半生以來在社會底層的掙扎，也可以比喻勞苦的人民群眾，「牆角的草兒／多想舒坦地長一下身／壓著它的磚兒，瓦兒／卻不講半點憐憫／／苦命的草兒／順著磚縫低低呻吟／陽光啊，雨露啊／何時把我滋潤……」這難道不是廣大的民工、農工、勞工的吶喊嗎？陽光雨露（統治階層）卻沒有反應！

另一首「常春藤」一樣情境，但常春藤的意志力比草兒堅強，草兒只是低低呻吟盼望陽光雨露（統治階層），常春藤卻有積極作爲，甚至願意當一名烈士，「讓生命的綠色／點燃黎明的曙光／倘若在雷火中死去／不屈的軀體／也要化作一條燃燒的長鞭／鞭打世間的冷漠……」。事實上這和《雄性石》拒絕平庸精神前後呼映，等於是詩人生命哲學的投射，主觀的我投影到客觀之物上，借物說話。本輯的經典之作是「因爲我是詩人」一詩，被眾多詩評家品賞（見《王學忠詩歌現象評論集》各家評論），可視爲王學忠詩歌創作的方向與堅持。但我認爲是王學忠很早便清楚的認識了自己，清楚的知道自己「平民詩人」的基因，他在追尋自己的天命。全抄這首「因爲我是詩人」，證明我的看法。

被惡狗咬得鮮血淋淋
你可以說不會留下傷痕
經受了半個世紀的磨難
你可以說不會產生悲憤
不過，我不能這樣
因為我是詩人

當貪官以人民的名義
甩著響鞭把大車小車的白銀
運進自己的家門
你依然可以高唱聖歌
怪馬兒跑得太慢

嫌車兒走得不穩
不過，我不能這樣
因為我是詩人

當喊著留下買路錢的路霸
攔截了飛馳的車輪
善良的乘客在遭洗劫之後
還要流著血、陪著笑、躬著身
坐在保險匣子裡的你呀
依然可以麻木不仁
不過，我不能這樣
因為我是詩人

面對民怨沸騰的城市、鄉村
面對痛痛的淚、殷殷的血、慘慘的心

面對人肉制作的豐盛美宴
你可以開懷大笑、划拳暢飲
不過，我不能這樣
因為我是詩人
是瘡，我就要揭
是冤，我就要伸
是悲痛，我就要落淚
是強盜，我就要憎恨
誰也不能禁止我的感情
因為我是詩人

「因爲我是詩人」之宣言，使王學忠的詩歌路線永遠和人民站在一起，尤其永遠與最艱苦的社會底層各類民工同一陣線，用他的詩筆揭瘡、伸冤，批判貪腐。

中國的改革過程雖然創造了經濟強勢，但也出現太多黑暗面的問題（如「從劉焦智到王學忠」一文），很容易讓人誤以爲「天下已不可爲」，如宋元明清等每個朝代末世情景。中國歷史上的文人面對不可爲的天下，往往有兩種選擇（兩種人生觀和史觀），主張積極救世是儒家思想，主張放棄逃避是道家思想，王學忠不忍眾生苦難，走的是以詩救民救世的途徑。而他手上握著巨椽，也如儒家的史官秉筆直書，文天祥「正氣歌」上的「董狐筆」正是。是故，讀王學忠很多作品，都有如讀「正氣歌」的感覺，他是當代中國詩壇的「董狐筆」。

「因爲我是詩人」是王學忠對當代中國詩壇的宣言，另一種感覺，像武俠世界中一位極富正義感的武林盟主，他手中握著「倚天劍和屠龍刀」，他向武林宣佈，將以手上的絕世兵器維護武林和平和正義，絕不許可大吃小、強欺弱；而言外之意也警告那些大盜、魔鬼、貪官，要小心了。所以，王學忠的詩歌是什麼？我打開吾國歷史上有名的詩論，如釋皎然《詩式》、王昌齡《詩格》、齊己《風騷旨格》、徐寅《雅道機要》等，找不到很適宜的界定，各家之說都難以界定王學忠的詩是什麼？（指風格產生的影響力）。比較適合的，找到司空圖《詩品》二十四式中的「自然」較貼近，自然是一種本性，是詩人的真性情，越是真性情越能產生力量（對客觀世界的影響力、功能等）。

那麼，王學忠的詩就不是單純的詩，而是詩壇的「倚天劍和屠龍刀」。但歷來能統治天下的是「筆」，而不是刀劍，筆才是形而上的頂層兵器，刀劍是形而下受制於筆的兵器。是故，美國近代地緣戰略家馬漢（Alfred Thayer Mahan, 1840-1914），在他的名著《海權論》才說：「一支筆勝過一個艦隊。」也確實，李鴻章用一隻筆，台灣就丟了！而用筆之前是我們的艦隊被人家打垮！所以政治學常說：「軍事是政治的延伸」，也是古今之真理。

王學忠手上的詩筆勝過一個艦隊，勝過倚天劍屠龍刀，故能掀起千層浪，能敲醒許多沈睡的子民，能 打擊魔鬼，能鼓舞人心，能給人溫暖，他的詩是一團火，讀「不能向你說」：

我心中的愛
不能向你説
純真的愛像少女的痴情
隔著閨門，裏著羞澀
只能深深埋在心窩

我心中的冤
不能向你説
委屈的淚像奔瀉的小河
不知該流向哪座湖泊，哪條溝壑
只能深深埋藏在心窩

我心中的恨
不能向你説
綿綿的恨像長城下的幽靈
枷著憤懣，鎖著魂魄
只能深深埋藏在心窩

我心中的話
不能向你説
説出的每個字

都是一團火……

王學忠的詩慣用押韻以方便說聽念誦，亦有利於溝通傳播，尤其能吸引市井小民；也用疊句使段與段緊扣連結，並強調重點加深印象。這首「不能向你說」，也吸引許多評論家的賞析，「不能向你說／說出的每字／都是一團火……」不僅在詩的意象營造上，形成了強烈的有無對比，產生矛盾統一的美感，並使「老百姓的語言」讀來，真是驚心動魄，有「驚天地、動鬼神」力量。

「冷的月」：萬法唯心造．心誠萬物真

《善待生命》第二輯「冷的月」，寫客觀世界的一切事物，人．名字、雪、月、太陽、鵝卵石、柳、山洪、古廟、自行車、小村、農夫、偉人……存在的一切。

在我看來，寫的還是王學忠那一顆心、那一團火，他給那些存在的事物新的詮釋、新的定義，他喚醒了雪月的靈魂，給了柳樹鵝卵石等生命的意義，實際上是詩人在詮釋生命的意義。此種論述很像佛教（尤其禪宗）所言「萬法唯心造」，尤其貼近宋明理學（周敦頤、程顥、程頤、朱熹、陸九淵、王陽明等諸家之說），理學家最常說的一句話

是：「一心誠，萬事萬物爲真；一心不誠，萬事萬物俱爲假。」

王學忠當然不是一個唯心論者，他也尚未到達「萬法唯心造」的境界。但大家都在看月賞花、逛古廟，每日眼睛張開看到許多物，經歷許多事，只是王學忠把所見事物重新界定的企圖心很強烈，且經他的詩筆心思詮釋，東西就不一樣，出現了「附加價值」。我聽星雲大師說過一個故事，有師父拿一塊石頭（普通石頭）叫徒弟甲到市場擺攤賣，但只要讓客人出價，不要成交，不久徒弟甲回報說「沒人要」；師父又叫徒弟乙拿去賣，不久回報說「有人出價一百元，但我不賣」；又叫徒弟丙去賣，不久回報「有人出價一千元，我沒賣。」爲什麼？……看王學忠如何給平常事物不一樣的思維。

我說過多少遍了「莫攀我」
今天，攀折者又蕩起了秋千

「柳」前兩行

我就像一塊墳頂的磚頭
整天經受著淒冷的風

不！我還不是墳頂的磚
墳頂的磚還能引來幾位孝子的大躬

我是一顆鵝卵石
一顆出身貧賤的鵝卵石
在灑滿陽光的小路上
被來往的行人踢來踢去

「鵝卵石」後兩段

禹兒在哪兒
快快疏通河道
讓我通過
否則
將是堤壩坍塌後的一系列爆

「山洪」後五行

這三首詩都很傳神，鵝卵石可以是任何人，農工、民工，任何被踢來踢去的人都是。而「山洪」也可以指人民，當人民怒吼的時候，就是任何政權、任何「領導」要垮台的時候，也能提醒負責水利工程的人要疏通河道。

「山洪」一詩有警告性的「詩眼」是「否則」二字，獨立成一行是關鍵詞，表示沒有妥協，凡失民心者必失政權（以及一系列爆炸）。很平常的題目，大家都在寫，王學忠的讓人心跳加速，血壓上升。

第二輯的作品，「懸崖上的紅柿樹」、「小村．古剎」、「杜鵑」、「我默默走著自己的路」，尤其「人．名字」都深受好評，以王學忠與眾不同的心思，讓讀看到他「心造」出不凡的詩景和詩境。

我佛慈悲，「善待生命」

對於自古以來人類所視爲可以「正常」食用的動物，雞、鴨、魚、牛、豬、羊，乃至各種飛禽走獸等等，通常吃了便吃了，人只想到好不好吃，如何吃法！除非是佛教徒才會思考到「不殺生」的問題。我不知道王學忠是不是佛教徒？（註：所謂「佛教徒」也有不同層次，如出家的和尚，接正信佛教是完全素食並不殺生的，只有少數例外，以佛教之名行歪道，日本佛教就是，和尚可以取妻吃肉，大陸的佛教也尚未恢復到常態；另未受三戒或五戒的佛教徒，只是皈依，也是肉照吃、酒照喝。）應該不是！但他對生命的憐惜、悲憫，勝過很多佛教徒，他的「不忍」之心亦勝常人。我和王學忠的成長背景類似，中國式的傳統鄉村農業時代，公然殺雞、殺鴨……處處可見，過年過節自己媽媽都殺雞、殺鴨，或幾家合起來殺一隻豬，我母親在下刀前似乎念一種「往生咒」之類，但並未啓動我的「不忍」之心，在那時代誰有？

《善待生命》第三輯「熱的血」，對生命的不忍，體現在「血泊中的牛」、「悲哀的羊」、「籠中鳥」、「蝴蝶標本」、「受煎熬的魚」、「鴨的一生」、「菜市上的雞」、「野味餐館」等各詩，讀起來讓人萬般不忍，憐憫之心油然而生。

滾滾的血順著潔白的絨毛往下淌
此刻它已不知道什麼叫疼痛了
只盼望快點死去
嗨，欲生不能
想死也好難哪

「悲哀的羊」部份段落

它昏昏欲睡
躺在一只漂亮的瓷盤裡
裂開的腹部顯得空前空虛
……
鍋裡的油吱吱地叫著
不知是幼稚還是固執
它的眼睛仍睜得又圓又大……

「受煎熬的魚」部份

威武的啼鳴
已隨漂亮的羽毛不見了
赤條條倒掛在鐵鈎上
……

從那雙半睜半合的眸子裡
看得出它已經明白了「弱肉強食」
以及「幸福是建立在他人痛苦之上」的道理
「菜市的雞」部份

把人類自古以來習以爲常的「肉食行爲」，重新思考，幾乎是「現場重建」的詩景，更產生驚心動魄的震懾力，讓讀的人不得不啓動內心的反思能力，以及不忍之心。而就詩論詩，像「滾滾的血順著潔白的絨毛往下躺」、「裂開的腹部顯得空前空虛」句，意象鮮明而情境勢懾，提醒下「毒手」的人，是否該好好反省，至少要善待生命，好讓每個生命好來好去。

但王學忠的詩雖寫雞鴨的一生，言外之意也是人生。地球上無數勞苦的各類工人群眾，有的還有一口飯吃，還能維持最基本的生活生命；但也有無數的人，連一口飯都沒有，孤獨的餓死街頭，而附近的大富人家則「朱門酒肉臭」，如悲哀的羊「只盼望快點兒死去／嗨，欲生不能／想死也好難哪」。還有菜市的雞「看得出它已經明白……的道理」詩句，都讓人重新思考人生態度，乃至檢討社會制度的必要。

讀王學忠的詩，暮鼓晨鐘、醍醐灌頂、十足震懾，引人反思、檢討，這是他的人品、詩品產生的力道。末了，讀「血泊中的牛」爲本文小結。

長長的尖刀
連同殷紅的太陽一起拔出時
它仍默默無語
濺落在草葉上的幾顆血珠
嗚咽著一顆顆凄楚的句號

它沒有感到懼怕
往昔的歲月在它腦海中旋轉
山坡好陡呀
鞭影始終在頭頂上晃
還有味同嚼蠟的磨道生活
走到何時才是盡頭呢

它懊悔不該怨恨時間過得太慢
這不，一眨眼便步著母親的腳印來了
記得母親的結局也是這樣一個絢麗的早晨
也有這麼一把長長的刀
那時它就站在旁邊
持刀人玄色的短褂兒就搭在它的背上
哎，為啥每個活著的生命的結束
都要陪伴這麼一把長長的刀呢
它終於倒下了
高大的身軀被切割成一塊塊血呼呼的肉
你分辯得出哪是血哪是它痛苦的淚珠嗎？……

近幾年來因皈依在星雲大師座下，也就常聽高僧大德講經說法。常聽到「無緣大慈．同體大悲」，因個人慧根欠缺，難以體悟真意，更別說身體力行了，但不知是否如王學忠《善待生命》這樣的境界？

《流韻的土地》：新山水田園詩派

很快掃瞄這本《流韻的土地》，我以爲王學忠從「杜甫風」轉型成「李白風」。第二讀、三讀，我有了新的感覺，對現在的中國農村有新的看法，近幾年來我接觸到有關中國大陸農村的研究，大都認爲問題又大又多又貧窮。但讀了《流韻的土地》，我會稍加修正。

我對這本詩集的新定位，是屬於「新山水田園詩派」的。我國的山水田園詩有久遠的歷史淵源，首先是山水詩，東晉謝靈運肯定是山水詩最下工夫的第一人，他的「登池上樓」、「鄰里相送至方山」詩，都是穿透時空的名品。但山水詩興起與地理環境、歷史背景（政治因素）最有直接關係，晉室東渡，江左風物太美了！大局又已偏安，雄心壯志消磨已盡，貴族名士（謝靈運是東晉豪門）都有逃避心裡，以詩寄情山水以遣有涯之生。

與謝靈運同時代的陶淵明，更是大名頂頂，無人不知，他從山水詩發展出另一形式田園詩，他的「歸田園居」、「飲酒」、「雜詩」等作品，使他成爲中國田園詩人第一人，無能出其右者。但田園詩和山水詩的共同心裡，都是逃避現實，擺脫塵俗，在大自然中追尋一個美麗、浪漫又唯美無憂的理想世界。

結合了山水詩和田園詩，創「山水田園派」是唐玄宗時代的王維，孟浩然與王維並稱當代兩大山水田園詩人。蘇東坡稱王維「詩中有畫、畫中有詩」，王維留下來的都是永恆不巧之名品，如「少年行」、「渭城曲」、「竹里館」、「山居秋暝」；而孟浩然的「春曉」，大概是所有中國小朋友童年背誦的第一首唐詩了！

但山水田園詩雖不像前者的逃避現實心裡，卻是經過亂世所產生的退隱企圖，詩風都躲開了現實面，追求淡遠自然。真能震撼大時代的作品，只有等杜甫來高歌了。

我簡略提一下我國歷史上山水田園詩歌大家，是要給王學忠這本《流韻的土地》，定位在「新山水田園詩派」，但尚未成爲一個學派，至少是新的。何以爲新？因不同於謝、陶、王、孟等諸家之山水田園，最大不同是「人」的不同，王學忠並未逃避現實環境，且壯志尚在，積極的與他所處的時代、國家、社會、人民、勞苦的農、工、底層的可憐人們等接觸，深入的觀察，用詩表達出來。所以，我說王學忠壯志仍在，毫無逃避心理。是為新山水田園詩。

我如此論述，說王學忠壯志仍在，沒有逃避隱世心裡，是從我國文學思想主流上的人品詩品一致性出發，所以我敢於從未和王學忠見過一面、談過一言，就如此肯定論斷。西方有很多大家主張人和作品要分離，即作品歸作品，人歸人；例如，作品成為市場搶手貨，成為歷史上的名著，流芳百世，但作者可能是小偷，強盜或專搞女人的壞蛋。法國的巴爾札克（代表作《高老頭》小說），專追有錢的女人，錢到手再換一個女人；還有司旦達爾（紅與黑作者），專搞朋友的妻子，認為最刺激，最能充溢著生命力。而毛姆從不談什麼人品詩品，能賣出大把白花花的銀子，能叫讀者把錢交出來就是上上之作。

以下談談王學忠這本《流韻的土地》：新山水田園詩，出版於公元二千年，王學忠大約已過不惑的四十五歲。全書有九十七首詩，十多行以內的詩最多，我以為九成以上可歸入「山水田園」詩風，不外小村、鄉鎮、農家、原野、季節、景觀、動植物、鄉鎮上的地方人物等。但我首先注意到的，整本詩風很健康，農家變富裕了。

農家富裕了，中國農民何時全面脫貧？

並非所有寫山水、田園的詩都能叫山水田園詩，至少應有一定的質和量，寫出境界、美感和風格才行。這本詩集寫出鄉村農家的快樂、歡笑、富裕和健康的詩，至少有數十首。我以爲快樂歡笑健康在相當程度上，要建築在經濟基礎上才真實。（台灣在獨派僞政權執政那八年，台南曾有農民表現「無米樂」景像，表示連飯都沒得吃，也很快樂，這是假快樂，不真實的，獨派的政治操弄使然。）爲了叫「證據」說話，讀以下詩中有「富裕」二字者賞析之。先讀「晾衣繩」：

春風嬌嬌滴滴的刮
陽光暖融融的撒
蝙蝠衫兒漂亮
牛仔褲瀟灑
綠的鳴翠鳥
藍的飄彩霞
那是誰家的綉花被罩真美
紅、白、藍、黃

將農家的富裕
壓成彎彎的彩虹
盛開在陽光下
（滴噠、滴噠）
一群辦家家的娃娃
以為下雨了
慌忙躲進屋檐下
樂壞了幾只雛鴨
（呱呱、呱呱）
姑娘、媳婦水靈靈的笑聲
響在這家、那家

王學忠詩的特點之一是主題自然，俯拾即是，不取諸鄰，「隨手拈來，頭頭是道，己所本有，毫不費力。」（司空圖詩品第十），這是須要功力的，讀他每一本詩集皆如是，一切所見所思、萬事萬物都能入詩。如這首「晾衣繩」，從晾的衣物上可以寫出很多真相，知道了農村的富裕快樂。就論詩境，從開始的兩句不僅十足詩意，且已點出健康歡樂氣氛，這種氣氛不是只在一家，而是很多，這家、那家……再讀「酒巷」：

濃郁的醇香
醉了黃昏
醉了酒巷
鮮艷艷的酒幌子在划拳聲裡晃……

拉車的
挑擔的
幾個鄉下漢子
三三兩兩
走出了「一杯醉」
又進了「十里香」
手心裡攥著農家的富裕

喝呀，喝呀
不醉了就不算來過了酒巷
誒，「獅子樓」上是誰的二胡
啣啣呀呀的
把個酒巷
拉得很長很長……

這大概是小鄉村附近的小城鎮裡的小酒館，一些幹活的、拉車的、挑担的……王學忠喜歡寫些辛苦打拼的小人物，結束一天勞苦後，到酒館裡痛快喝兩杯，也體現了鄉村已經富裕起來了。換言之，改革開放確實有成果的，否則豈不白做工！而詩最後的兩句「把個酒巷／拉得很長很長……」表示小巷子很長、酒館有多家，「一杯醉」、「十里香」看來改革開放使地方繁榮了。

山水．田園．鄉村．原野．豐收．歡笑

《流韻的土地》是鄉村、田園和季節的詩歌。「三月雨」、「三月風」、「三月的

村寨」；五月、九月、收獲的季節；春天的原野、夏夜、水鄉秋色、除夕、幾乎是一整年的農家樂。

燃燒的春情
在田野裡跑
酸了銀杏
甜了蜜桃
給無垠的曠野
披上一件偌大的金絲襖
村姑笑彎了眉
村嫂頭上的紅髮卡
樂得一揚一翹
跳躍在綠葉間的布谷鳥
將豐收的喜訊向鄉民報道……
「五月風」

「五月風」也是農家田野風光，豐收的喜悅，保持詩人一貫用韻的風格，「跑、桃、襖、翹、道」，不僅順口也適合市井小民聽念。像「燃燒的春情／在田野裡跑／酸了銀杏／甜了蜜桃」自然的詩句，詩意飽滿，意象流動，在這本詩集真是每頁都有，一定要親自讀完整本的人，才能驗證我說的「新山水田園詩」。

「鄉村的媳婦」和「礦工的妻子」

王學忠之稱「工人詩人」，因他以工人身份寫了很多社會底層各類工人實況，詩人觀察力又特別敏感，以詩表達傳染力十足，引起廣大回應。這本《流韻的土地》以鄉村爲背景，也有很多小人物的生活實景，「山上人家」、「少女・冰激淩」、「男子漢宿舍」、「女孩子」、「黑癩子・白寡婦」。

腳踏白雲
山裡的黃昏好迷人
輕叩柴扉
女主人話聲似流水甜潤

……
家家的主人
都花一樣美，水一樣親……

「山上人家」

這是山上人家的親切感覺，氣氛快樂健康。亦體現鄉村人們的美德、勤勞又能幹。

（本文強調健康，是因王學忠在其他詩集中的各類工人寫的都很悲情，這裡「礦工的妻子」側看礦工，雖辛苦，也還算幸福美滿。）

男人們下井去了
偌大個世界
成了女人的天下
這些從鄉下來的女人
學著媽媽的樣子
圍在清清的水池旁
（就像蹲在家鄉的小河邊）

搓呀、搓呀
把對丈夫的愛
搓得像星星一樣透明

長長的晾衣繩滿了、彎了
礦工的妻子
又用收拾庄稼時的利落
進了廚房
腌了碗辣椒
炒一盤雞蛋
把剛從集上買來的「二鍋頭」
斟得滿滿
末了，倚在黃昏的門口
等待著就要歸來的太陽……

「礦工的妻子」後二段

同樣寫工人的生活，但其他詩集上的工人（如《雄性石》詩集的「工人兄弟」、「城市拉煤工」、「工友聚會」等，或《挑戰命運》上的「中國民工」、「三輪車夫」、「縴夫」等各類，王學忠雖刻意寫得很「悲壯」，事實上很多是可憐、悲情的。）難以看到溫馨畫面。還有另外一種判斷，中國有九億農民，流入城市可能有幾億人，而大城市裡日子不好過，反而是留在鄉村裡日子安穩，留在家鄉種田、做工雖發不了大財，至少平安就是福。另一首「鄉村的媳婦」也是傳達這樣的情境：

陽光灑在鄉村的土地上
長出了玉米地、高粱林
也長出了鄉村的媳婦
——庄稼漢的女神
……
鄉村的媳婦
大山般的堅強
鏵犁般的勤勞

月亮般的純真
玉米地、高粱林
鄉村的歷史
在她們的身後延伸

本文雖舉若干王學忠的詩來說明「新山水田園詩」，因全書大多此類作品，所舉未必完全合於題意，勢必由讀者把這本《流韻的土地》整本略閱一回，始知工人詩人對家鄉的山水田園也是用情至深的。

爲詩集寫序的冀濮在序文提到，「學忠是一位思想單純，卻胸懷大志的人……」這種特質和我很像，故能有共鳴。我十五歲入軍校，便立志這輩子要當大將軍，爲中國的統一、富強做出偉大的貢獻。

我和學忠都沒有幹出豐功偉業之大事業，但我們並未喪志，我們對人生的理想性依然存在，依然追求，我們並未逃避現實，不同於謝靈運、陶淵明、王維、孟浩然。故說《流韻的土地》一書，是新山水田園詩派。

略讀《挑戰命運》詩文集

王學忠這本《挑戰命運》詩文集，於二〇〇一年五月由內蒙古人民出版社出版發行。他的前幾本我曾讀過，寫序的高深說，這是王學忠的第四本詩作，認爲是詩人進入成熟期的代表作。（註一）但「王學忠風格」乃至後來的「王學忠現象」應已雛成，因爲至此他已寫了二十多年的詩，作品飽含對社會底層人民的豐富感情，對勞苦同胞的關愛，這本詩文集也是。

《挑戰命運》一書，除高深、申身、（註二）和英兒的序外，全書五輯。第一、二輯詩六十四首，其中「豬言狗語」和「狂人日記」是多則的組詩，但我認爲每則也可獨立成一首詩，故這兩輯可算八十五首詩。

第三輯「沉思集」有詩一百一十一首，都是短詩、小詩和微型詩，分別有一行詩一首、二行詩八十首、三行詩十首、四行詩十五首、五行詩三首、六行詩一首及八行詩一首。

合一到三輯，計各種長短詩一百九十五首，論詩的主題可謂包容了天文地理地球上的一切。論詩的精神內涵，維持王學忠工人詩人或平民詩人的風格。

第四輯有學忠的短文九篇，真是篇篇精彩，雖是短篇散文，但「肥姐」、「惠妹」、「貓咪」和「點子猴三兒」等，也像讀一篇感人的小傳。

第五輯附錄，有申身、賈漫、馬德俊、劉強、林乃初、張寶樹、徐淙泉、陳明火、賈載明和王汝海，共十位大陸詩人、作家爲王學忠寫的十篇評文。（註二）他們在大陸或已小有名氣，但台灣很陌生，仍在小註簡介他們的基本背景。

中國民工．三輪車夫．縴夫……

我把這本書放枕邊，我習慣睡前翻書看看，每回拿起書一翻就看到第一首詩「中國民工」。我關心中國的現代化發展及一些現代社會問題，如這詩「一幢幢摩天大樓拔地而起／立交橋飛架南北西東」，這是多少辛苦工人的成果，也許所有開發中國家皆如是。

民工之外，本書也寫到其他很苦（落後）的行業，三輪車夫和縴夫很有代表性。三輪車一般被認爲落後地區的交通工具，台灣在民國五十多年仍是主要城市短程交通工具，三輪車夫幾乎是貧窮的代名詞：

蹬得動要蹬
蹬不動咬牙也要蹬
就像做了一回上弦的箭
只有折了
句號才算畫得完整

出門時把力帶上
憂愁丟在家中
撈件汗衫兒肩頭一搭
三輪車輪子便風車般轉動
落地的是鹹澀的汗
呼叫的是辛辣的風

家人的企盼揣在心口
女兒流淚的學費
妻子嘆息的藥瓶
每天不蹬十塊八塊的
躺在床上
三輪車在夢中也不安地轉動

這首詩共七段，這裡引前三段，大陸叫「蹬」三輪車，台灣叫「踩」三輪車，都是辛苦的行業。若加上經濟上的極弱勢，確實悲慘，「只有折了／句號才算畫得完整」，真的是踩死人了。三輪車夫也是老百姓，是「人民」，古來是統治階層要在乎的對象，故說「得民者昌，失民者亡」。所以，詩的第六段王學忠也提到三輪車夫的另類社會功能：

老百姓的眸子是午夜的燈
千秋功罪誰人評說

三輪車上侃大山
有市委書記秘聞，銀行搶劫案追踪
小道消息比大道還真
每位三輪車夫都是「廣播電台老總」

總算叫三輪車夫提升了「社會地位」。王學忠的詩語言也始終是「老百姓的語言」，如「侃大山、蹬、撈件汗衫」，不僅是百姓用語，且是底層勞苦群資的口語，故能使廣大的人民群眾看懂受到感動。還有更底層的「縴夫」一詩：「命運繫在縴繩上／縴繩是繃緊的弦／縴夫是上弦的箭……紅的是血／鹹的是汗……」我敢說縴夫是所有苦勞裡最苦的行業。

近年有多則大陸的縴夫影片（或相片）在網路上流行，每一則我看得心酸，看久些眼淚會情不自禁掉下來。所有男縴夫都是只穿一條內褲，有的甚至全身光光，一絲不掛，那種影像很吃驚。但最驚悚的一則，是男縴夫中有一女縴夫，那女縴夫竟也全身光光，兩個大奶垂直往下掉（因人拉船向上使身和地面成平行）。內心萬般複雜，神州大地不是號稱物產豐富嗎？改革開放三十年，爲何還有子民以如此不堪的情境討生活？

第一、二輯的詩有不少借物言事，如「凳子」、「掃帚」、「牛」等，說的是自己的人生，對社會萬象的觀察與批判。通常都要有深刻的人生體驗，才能將這些平常事物以詩表達，且要表達的有批判力、有說服力。

豬言狗語說人間道，狂人日記批官場社會百態

第二輯「豬言狗語」和「狂人日記」，是兩部組詩，前者有連續性，後者各則可獨立成一首詩。整體言，這兩部份組詩用淺近的詩語言，深刻的社會觀察與人生歷練，對社會、人生、官場進行有力的批判。詩意之外，又彰顯詼諧、譏誚和有趣，更有警世之用。

豬言三則明說豬的一生，亦暗指許多人的一生，尤以金字塔底層求生的勞動者，當然弦外之音也是一種對人的警示，舉其小段：

唉，一切皆是徒勞
活著有啥奔頭
早晚出欄

還不都是任人宰割的肉
……
吃了人家的嘴軟
是一條千年古訓
而拒絕飲食
卻是難以接受的現實……

可能不止小老百姓，中上階層或更高層，也會面臨這種困境，乃至一個國家或整個民族，如十九、二十世紀的中國和波蘭，都曾是任人宰割的「豬肉」，人民活的豬狗不如（一是亞洲病夫、一是歐洲病夫）。王學忠的詩寫了很多小老百姓的困境，而這些困境發人深省。豬言後四則是狗語，第一則第一行學忠引申身的詩「狗的遺囑」詩句「死後，心給主人下酒」，真是絕句，把死忠的狗寫的太神了。第㈥則掛羊頭賣狗肉，最有深意最傳神：

透過淌血的羊頭

看得見肉架下邊
那一堆血腥的狗肉

尾巴上的昨天
是一條驃悍的狗
怎麼突然倒下了
手持利刃的
竟是它的主人

獻出滿腔的血
和從頭到腳
那一堆堆的肉和骨
自己沒有怨言
可高高聳立的肉架上
為啥要掛顆羊頭呢

……

嚴格檢驗這個世界，最大的羊頭狗肉店就是「民主」二字，英美帝國主義者爲征服全世界，掛出最最大顆的「羊頭民主」，販賣了二百年，到二十一世紀初還僅有少數的智者能覺悟出那只是騙人的把戲。相同的標準檢驗台灣推行所謂的「民主」，大陸推行所謂的「中國特色的社會主義」，也是掛羊頭賣狗肉，爲什麼這個世界名相和內容總是差這麼多，仍至名相和內容完全相背（例：二〇〇〇年到二〇〇八年間，台灣的獨派大頭目陳阿扁，以一中憲法之架構搞台獨僞政權。）？？

狂人日記十六則大概人間社會百態都涵蓋了，從社會底層到政壇高層。西方政壇有句話「權力是男人的春藥」，政治學課本更有名言：「權力使人腐化，絕對的權力使人絕對腐化。」這似乎已是放諸四海皆準的定律了。幾年前我在空中大學教政治學，某次討論到貪污腐化問題，我在課堂做隨機問卷調查兩個問題，先問：「你是否對公部門貪污深惡痛絕？」全體舉手答「是」；第二問題「給你當四年交通部長，你能確信自己不污國家一毛錢嗎？」大家大眼瞪小眼，無人敢確信自己能當四年清清白白的交通部長！因爲「權力、銀子、欲望」三者是同體的。看王學忠如何用詩語言表達（狂人日記第十一則）：

兒子在學校受了委屈
欺負他的同學是個胖子

上課時老師問兒子
「你的爸爸在那兒做事？」
兒子說我的爸爸是詩人
那胖子卻說是死人
兒子說不是死人
是作詩的人
那胖子卻說他的爸爸是官人
是作官的人
專管那些作詩的人
叫他們咋作就咋作
說聲用嘴放屁

誰也不敢屁股眼兒裡出氣

這雖像「白髮三千丈」那樣展其誇飾之功，卻也極爲傳神，哭笑不得。或許你會疑惑真有這種事嗎？詩人真的碰到這種人（事）嗎？這並不重要，如同不必真有「白髮三千丈」，這是一種文學上的誇飾、比喻，一種諷刺手法。真實世界也有很多人、很多朝代、很多政權，合於這樣的「規格」。有的人只要握到一點點小小的權力，管理幾個小小的人物或小小的事情，便有十足大大的官架子。詩人所言不虛，任何社會，仔細看，這種角色多的很！官兵總是落差很大。狂人日記第十六則部分段：

早上出門賣菜
菜沒放進車筐
錢包便不翼而飛
那付窘像你見過？
回家路上

鑽進廁所撒了泡尿
褲帶未繫好
便發現自行車已丟失
這事兒擱在誰頭上不著急？

可居委會的劉主任
卻嗑著瓜子硬說是太平盛世
妻子張了張嘴沒說啥
八歲的兒子竟快人快語
「那太平盛世都這個樣兒
不太平，不盛世呢？
竊賊們還不一個個的
都跳進俺家鍋裡……

說到竊賊（小偷）全世界那裡沒有？但我敢肯定說台灣是全世界小偷最多的地方，

只要仔細看就知道全台灣所有民宅幾全用鐵門、鐵窗和大大的鐵籠，把一棟棟房子，一戶戶人家包起來，因爲小偷強盜太多，到了晚上沒有一家有安全感。我到過大陸及世界其他地方，未見有民宅用鐵門、鐵窗和大鐵籠包得死死，幾乎全是，太不可思議了！而政客們看不見或視而不見。

沉思集：天馬行空的小詩、微型詩

如果說王學忠下崗後，這麼多年來始終都在擺地攤，或個人做一些小生意，販賣點東西等，但也始終不能做大，不能自成一個有規模的事業體。那麼，可見王學忠對做生意經商這玩意大概和我差不多，毫無天賦可言。

爲了生活，地攤只好一直擺下去，王學忠真的被地攤困住了，持續在金字塔底層掙扎打拼。但也就是這種「困而後工」的歷練，使他的詩開展出不一樣的格局，他的詩沒有被困住，反而更加天馬行空，他雖經濟生活被困住，文學生命卻發揚光大，這只要讀「沉思集」就有這種感覺。

「沉思集」有一百多首小詩、微型詩，全是八行以下，二行詩最多達八十首，以最簡單的形式，表達最多的詩意象。這些詩不必花太多心思，淺顯易懂，你能感覺到王學忠或許被地攤困住，被經濟條件困住，但他的詩思卻天馬行空，可謂「其小無內、其大無外」，喜歡的人可以自己多翻翻。

小結

第五輯附錄有各家對王學忠作品的評論和賞析等，大體上都是鼓勵佳評，不足者亦提出改進建言，均可感受到詩壇交誼之真誠可貴。申身認爲王學忠詩之有長足進展，源於「天道酬勤」。

賈漫認爲王學忠在寫愛情或思念的詩，並不太成功，語言方面尚要再努力，比較關心的是詩人的家庭生活。問學忠鞋的生意如何？勉勵他當年劉備也賣過草鞋。而我知道，杜甫也曾窮困到在菜市場擺攤賣魚，只是我不知道我寫本文時，王學忠是否擺脫了經濟上的困境？

以這篇短文略讀《挑戰命運》詩進，還是很粗略，要深入研析，這本詩集有很多首詩可以在「想像空間」裡大作文章，其中一首想像空間我以爲是最大的，也是最「詭異」的，是「好大的一堆土」：

好大的一堆土
黑油油的
哪個不説肥沃
如果把種子埋入
肯定會發芽、開花、結果

然而，數十年來
它卻一直荒著
憑任風吹雪裏
唉，冬去春來
不知耽誤了多少收獲……

超絕又超詭異的一首詩，好大的一堆土指什麼?可以在他的村裡、縣裡，也可以是千萬平方公里或……

註釋：

註一：高深，著名作家、詩人，中國作家協會全委會委員，中國少數民族作家學會副會長。主要著作有《小哥倆》、《路漫漫》、《大西北放歌》、《大漠之戀》、《苦歌》、《高深雜文隨筆選》等十餘種。

註二：申身，詩人，曾任河北少年兒童出版社副總編、編審。著有《戰震曲》、《勿忘集》等十三部。

賈漫，詩人，詩歌評論家。內蒙古作家協會副主席，著作有詩集、詩歌評論集多部。

馬德俊，詩人、詩歌評論家，中國人民大學教授，中國當代文學研究會常務理事，著作十餘種。

劉強，作家，曾任「文藝窗」主編。著有長篇小說《孽變》、詩論集《詩的靈性》等多種。

林乃初，紅學家、教授。著作有《紅樓女詩人》、《妲己演義》，及電視劇本多種。

張寶樹，作家、評論家，主要著作有散文集《生命的輝煌》、《走近真實》等多部。

徐淙泉，作家、詩人，主要出版著作有詩集《露凝清秋》及散文集等多部。

陳明火，作家、詩人。主要出版著作有詩集《無鎖的情空》，散文集《峒山的名片》等多部。

賈載明，詩人，主要出版著作有詩集《早春之雨》、《蔚藍的戀曲》、《太陽樹》等多部。

王汝海，作家、教授，一九六〇年代開始發表作品。曾在國內百餘家報刊發表各類作品一千餘篇（首）。

百家談《平民詩人王學忠》：落地為兄弟、何必骨肉親

人生無根蒂，飄如陌上塵，分散逐風轉，此已非常身。落地爲兄弟，何必骨肉親。得歡當作樂，斗酒聚比鄰。盛年不重來，一日難再晨。及時當勉勵，歲月不待人。

晉・陶淵明，「雜詩」。

陶淵明的詩歷來評價很高，甚至有認爲是屈原以後，杜甫以前最偉大的一位詩人。但因不肯爲五斗米折腰，乃歸隱田園找尋心中的理想世界，他的詩風又不肯追隨當時綺麗浮艷的潮流，頗受當時詩壇冷落。就人品言，王學忠很像陶淵明；就詩品言，陶詩和王詩都渾然天成。所不同者，陶淵明有逃避現實心理，並已退隱成田園詩人；而王學忠壯志仍在，對他所處的世界他深入觀察，並與那些兄弟姊妹們「合而爲一」，成爲他們的一份子——爲他們代言——用詩。

在王學忠的心裡，那些拉車、做工、挑担的工人們，都是兄弟姊妹，就是這種「落地爲兄弟、何必骨肉親」的真誠，誠能驚天地泣鬼神當非虛言。陶淵明的詩能成千古不巧名品，感動古多少人，還是他那詩中落地爲兄弟的至誠，至誠發至內心，故最爲自然。

讀這本百家談《平民詩人王學忠》一書，有中國當代詩壇百家之剖析品評，各家之說雖有差異，但我想找到書中百家都有共識的核心思維。我不斷翻閱、思索，百家講評對王學忠的共同核心思維何在？原來就是陶淵明詩中那句「落地爲兄弟、何必骨肉親」。

我爲什麼說這本百家談《平民詩人王學忠》的核心思維「落地爲兄弟、何必骨肉親」？這當然是有根據亦有證據的。

該書第一輯有當代中國（含台灣），共馬德俊等四十七位詩評家有四十六篇評文，其中談到王學忠寫各類勞苦的工人兄弟詩作，充溢著叫人動容動心的兄弟情，有三十三家（篇）評文，分別是：馬俊德、馬立鞭、劉家驥、台客、申身（二篇）、鄧小愛、劉毅、楊新敏、劉鋒、麥穗、吳開晉、吳投文、余小剛、楊嘯、易仁寰、苗時雨、張寶樹、周達斌、厚夫、林童、羅文軍、楊克興、陳明火、柯原、秦岳、高深、徐宏智、海青青、謝輝煌、曾克難、曾勇、譚旭東、熊元義。

該書第二輯「信評卷」，有當代中國（含台灣地區）詩評、文評二十七家，致王學忠的二十七封信，評論王學忠作品。信中談到王詩涵縕著這種真性情的兄弟情份，有葛玄、賀振揚、塞風、馬德俊、宋垒、羊村、武勝利、梁謝成、胡德培、張繼樓、非馬、趙日升、魏巍、馬樂庸、熊炬等十五家。

第三輯「信評卷」的七十一家評文，大多極短篇，少部份僅有數行的語錄。但其核心思維談的仍是王學忠詩中的平民意識，與社會底層那些勞苦的廣大人民群眾，有著一份血濃於水的兄弟情，這種工人兄弟姊妹情，若非自己身歷其境，如何能寫得出來？

該書第四輯附錄，是以「滾滾紅塵：詩意的棲居胶著生活的轍印」爲題的討論記錄，討論內容是王學忠《挑戰命運》詩集，但範圍擴及王學忠思想、詩品、人生簡歷和成爲平民詩人的關係，可看成全書的結論。會議時間是二〇〇二年九月十日，地點在四川盤龍山下無塵間，主持人余小剛，參加者有浪濤、曾勇、劉鋒、陳勝，共五位青年詩人，算是小型詩論圓桌會議。

會議議程不離王詩的民間性、平民意識、詩人的直面真性情等子題論述，亦舉「中國民工」、「三輪車夫」等作品，論證王學忠是詩壇上的「雪村」（一位平民歌手），同是代表弱勢群體、百姓的心聲。會議有一個論述頗爲弔詭，認爲「悲憤出詩人」、「逆境也出詩人」，若無「逆境」這一根基，王學忠整個詩歌王國就全面坍塌。我逆向直面推論：若非中國改革開放出現這麼嚴重的社會問題，若非這些問題（下崗、失業）被王學忠碰上了，就不會有今天的「平民詩人王學忠」，當然就沒有這頂無價又無尚高貴的「桂冠」封贈給詩人。

不論是會議的討論、論述，或我的推論，都只是一個「假設」，因爲永遠不會有「終極論證」，更何況歷史不能假設（因爲不能重來、已無機會證明）。所以，回到我寫本文的主題，王學忠這本百家談《平民詩人王學忠》，全書一到四輯的核心思想，都在「落地爲兄弟、何必骨肉親」的範圍內，那些做工的、拉車的、下崗失業的、擺地攤的、下海做「三陪」的姊妹們、操苦役的、做農的、被大款大官打壓的，乃至被囂張的公權力不明不白的整死的冤魂……在王學忠詩境的世界裡，都是兄弟姊妹，情同骨肉至親，所以他們的苦難對詩人是有感應的，乃能體現於詩文之中，讀來叫人血管沸騰！

那些詩明顯的體現了王學忠的工人兄弟情？按百家談例舉最多的如下各詩作：「三輪車夫」、「中國民工」、「勞動者」、「牛」、「詩爲陌生小妹而哭」、「然而，我不屬於下崗工人」、「縴夫」、「礦工的妻子」；以及「肥姐」、「惠妹」等短篇散文，亦深受評論家們高度有定，因爲充溢著感同身受的「落地爲兄弟」情誼。面對眾生的苦難，王學忠是有感受的，這些被詩評家們點評的經典作品，又以「中國民工」、「三輪車夫」和「勞動者」三首詩居前三名，正好也是《挑戰命運》一書最前面的三首詩。我在別文已有引述剖析，本文僅針對最有代表性的「中國民工」研究，全詩抄錄如下：

喝罷元宵湯
黃土地依然冰封雪凍
民工們已開始起程
先親親寶貝的兒子
再給病榻上的母親深鞠一躬
柴門邊等候的是羞答答的妻
一雙水汪汪的眼睛裡盡是情

民工們已經起程
若一波波奔騰的春潮
似一陣陣喧囂的烈風
汽車、火車

輪船、蒿蓬
向一切需要力量的地方湧動

讓道路提速
把黑夜除名
一幢幢摩天大樓拔地而起
立交橋飛架南北西東
汗珠子是廉價的雨
殷紅的血隨時可以犧牲

對榮譽、功名
從來不屑一顧
劣質的烟卷
繚繞著一條條騰飛的龍
半斤燒酒下肚

大把大把的苦痛便去無蹤

天空有陰，有晴
民工們每天都是綳緊的弓
即使偶爾頭痛腦熱
喝碗薑湯歇上半個工
翌日起來
照樣是一座雄性的山峰

中國民工
一群不再死守家園的弟兄
勤勞與力量的象徵
背上的鋪蓋卷
裹一個沉重的夢……

第一段是一幅詩畫，詩中有畫，畫中有詩，用完全口語白話而詩意鮮明之筆調，勾畫出元宵後民工遠行的離情，一幅父子、母子、夫妻不同的情意表達，有如「現場重建」。此種情境古今以來，無數的詩人都在表達，但要寫出「詩中有畫、畫中有詩」，何其不易！

第二段描繪民工起程畫面，如春潮烈風，以各種交通工具，「向一切需要力量的地方湧動」，這正是中國經濟起飛，創建世界經濟奇蹟動力的來源，讓人不得不重新定位這些工人們，他們是建設新中國最基層的英雄大軍。

第三段使詩境更深入，引領讀者思考更深層的問題。中國即將要成爲世界第一大經濟體，這樣的成就首先叫人想到的或許是領導階層正確的國家方向和政策。但詩人提醒大家「汗珠子是廉價的雨／般紅的血隨時可以犧牲」。中國的大老闆、大企業主、大富翁越來越多了！可別忘了，民工的勞力多麼廉價！民工的血汗值幾文錢？他們也是經濟發展的大功臣。

然而，多少大老闆能夠真誠體恤，中國民工依然是全世界最廉價的勞力。我們不得不反思，爲什麼中國人不值錢？滿清末年甚至有兩百萬中國民工，流浪到美帝做苦役，爲他們的基礎建設賣命。至今又過了一百多年了，中國民工依然「劣質的烟卷／繚繞著一條條騰飛的龍／半斤燒酒下肚／大把火把的苦痛便去無踪」。詩人把「悲情」提昇到「悲壯」的境界，是一座「雄性的山峰」，是他們支撐起全中國。

詩的五、六段以民中的悲壯意象收尾，「一群不再死守家園的弟兄」象徵新中國的轉變，男子漢大丈夫，男兒志在四方，似乎也意味著一種新的社會型態在神州大地出現了，這是廿一世紀的中國。民工們承擔著新中國的經濟發展，是不是太沉重了?王學忠以兄弟之情，爲民工發聲，「裏著一個沉重的夢……」

王學忠還有大量的詩都體現對弱勢族群的兄弟情，如《雄性石》詩集上「工人兄弟」、「一幫姊妹兄弟」、「工友聚會」等，更多的間接意象，都使王學忠成爲「平民詩人」的重要因素。故說，「落地爲兄弟、何必骨肉親」，是王學忠人生觀的重要元素，也是王詩的核心價值。

讀《雄性石》的雄性觀點

「你用血爲百姓鼓與呼的精神感動了我，降伏了我，我願盡全力支持你爲百姓寫詩，爲人民吶喊，這錢就是我的心意。」

我緊緊地，久久地握著那位女教師的手，眼淚順著臉頰淌下，女教師的眼裡也閃動著淚花。「爲什麼我眼裡常含淚水／因爲對這土地愛的深沉。」詩人艾青筆下的這句名詩，我已背誦了三十年，然而，此刻才眞正領悟了其中含意……

這是王學忠在《雄性石》詩集的「後記」一段，提到一位高級中學的女教師，讀了王學忠部份詩歌關於他的生活報導後，打電話約王學忠見面，他們見面經過。一見面女教師給王一個紙包，王打開一看是兩千元，那女教師說了那段話，這想必誰都會感動。還說到一位退休老幹部讀了詩竟痛哭失聲，要購買學忠已出版的全部詩集……例子說不完……傳抄者、千里外匯款求購者……

大家公認王學忠的詩替廣大民眾說了話，說了真話，抒了真情，是真正的詩。但我認爲王學忠的詩還有一個重要的特質，就是批判性（不是批評，批評和批判的層次、格局都低很多）。他的每一首詩，不論講什麼？何種主題都有批判性，或強或弱，或顯或隱，每一本詩集都有這種特質，《雄性石》也不例外，這是一種可貴的特質，就稱「王學忠特質」。

詩人特質或風格與時代背景必有關，王學忠的批判性若在文革絕不會顯現。大陸詩人米斗（註一）在天津第一屆「三月詩會」談到這個問題，會中大家交流各種詩歌文學訊息，談到北京工人詩人王學忠所寫揭露社會黑暗面的詩歌，大家議論如果在過去早打爲右派或反革命了。正由於現在「與時俱進」，才容許批判現實主義作品存在，不正是「中國特色」的「優越性」嗎？多人對王學忠詩作表示讚賞。（註二）這是改革開放的進步，但我以爲批判（不論對政府、社會或制度），本來就是人民應有的權力和權利，失去了要設法爭回來。

米斗談到這位「北京」工人詩人王學忠，應是本書所寫的王學忠，難道中國大地河南安陽和北京各有王學忠。也或許《雄性石》詩集在北京出版，在北京夯起來了，所以他們又叫王學忠是北京工人詩人??

《雄性石》，中國文史出版社，北京，二〇〇三年十一月。有魏巍、雁翼和振揚三人的序。（註三）

「雄性石」：古來英雄、烈士比巾幗、烈女多很多，故雄性石是雄性珍貴稀有的特質，有這樣特質的人極少極少，我希望是，但做不到，或許也不是那塊料子。

「雪中白楊」：「千里沃野墓穴般的沉寂／沉寂不是死亡」，這種沉寂有點恐怖，一種絕美。

「群衆利益無小事」：共產黨人現在還想解放全人類嗎？各國各族由他們自己解放吧！只有黨不能解放，因爲領導階層天天要提心吊膽，人民的小事當大事。

「遭遺棄的日子」：一群下崗的弟兄……我還是要問：我們走的是「中國式的社會主義」或是「西方資本主義」，若是中國式的，不該遺棄任何一位子民！

「水珠」：「倘若匯集起來／便是黃河的浪」。所以，不要得罪了人民群衆，不顧人民死活的政權，必在人民面前倒下。

「山峰．河床」：是統治階層與人民群衆的鮮明對比，是黨脫離了群衆吧！很危險，在任何國家都危險！

「誰也沒事兒幹」：這種事到處有，但若太普遍，也顯一個社會的沉淪。

「賭」：看樣子大陸賭風日盛，台灣也不弱。但那些都是小賭，現在我們把廿一世紀中國的富強，賭在「中國式民主政治」，賭兩岸和平統一。

「你們這些人」：其實，古今中外官場、民間社會，良心讓狗吃了，有奶就是娘，是「極普遍的現象」；但也不能說百分百皆如此，壞種多，好種也多。

「今年冬天不冷」：冷不冷？向來不全是天氣的原因。很熱的地方有很叫人寒心的事，寒帶也有溫暖的人情，很熱鬧的地方大多冷漠，冷清的地方反而熱情。

「城市拉煤工」：或許每個時代都有夕陽工業，或每個社會乃至富如美國社會，也有一群底層的可憐人。

「開禁啦」：春節禁燃放煙火爆竹，已執行十年之久，因百分之六十六民意主張要開禁，乃撤銷法規。是進步還是退步了？台北也還禁止……

「致一位『下半身』寫作的女詩人」：大約同時，台灣也在流行「下半身」論述。在獨派執政的「陳阿扁偽政權」時代，一位狗屁部長叫陳唐山，人稱「**LP** 部長」即下半身部長。

「一幫姐妹兄弟」：「昨天姓社如今姓資／風度翩翩的是老板……一幫姐妹兄弟／掙扎在隆冬的冰雪裡……」

《雄性石》寫出的全是問題，是大大的問題，「爲窩裡鬥叫好」、「誰也不比誰尿得高」、「唱給駐村隊員的歌」、「有些事情不敢想」、「這年頭到底怎麼了」、「詛咒屠夫」……在我看來，不是政治問題，就是社會問題，總歸是國家出了大問題：

> 有些事情不敢想／想起就哇啦哇啦地罵娘／好端端一座工廠／怎麼說亡就亡／金山銀海般的資產／捉迷藏似的不見了／廠長的錢袋子鼓鼓囊囊／男男女女一群工友／如落葉四處流浪
>
> ——「有些事情不敢想」——

正好美國「華爾街日報」在十一月二十六日，以「革命兒女」爲題發了一篇文章，描繪身穿燕尾服，開著紅色法拉利跑車的薄瓜瓜，赴前美國駐北京大使洪博培官邸宴會情景。

文章提到目前中國概略的國民均得，去年（二〇一〇）平均家庭收入，僅約三千三百美元（合約台幣十萬元），領導人的兒子開著價值幾十萬美元的名車，確是太過招搖。而薄瓜瓜履歷表上一連串世界著名學府，也貼著六十萬美金的高價標籤，合計約一千八百萬台幣以上。（註四）

薄瓜瓜是何方神仙？他是現任中共政治局委員、重慶市委書記薄熙來的兒子、黨國元老薄一波的孫子。瓜瓜十二歲赴英國留學，是英國著名貴族學校哈羅公學第一位大陸留學生；再進牛津大學，畢業後再讀美國哈佛大學。

大陸「太子黨」、「官二代」、「官三代」、利用權力關係，進行「五鬼搬運」，都發了天大的財，在大陸早已不是秘密。前面那篇文章提到大陸曾有網上調查，二千九百多名高幹子女坐擁資產，高達人民幣二兆元，對於二代、三代、四代，這是「天上掉下來」的錢，不花白不花，那裡看（聽）見勞苦的人民在流淚、流血……

但有像王學忠這樣的詩人，批判了這些改革過程中的黑暗面，為人民吶喊，我相信正面意義是很大的，甚至對社會制度的改革也能產生一定的力量。「王學忠現象」似乎有一點像我早年讀過的一本小說，《黑奴籲天錄》，有人說沒有這本書，黑奴不會解放，雖有些過頭，也可見那本書產生很大的影響力。

只是很可惜的，「王學忠現象」雖引起一些浪潮，但這些浪潮只限於詩歌文壇領域內，一些文人作家的論述。並未在整個大社會中形成浪潮，成爲一種「社會運動」，政治層次更是別提。（這是我看、我理解的，也許有尚未看到、尚未理解的。）只是說環境尚未到達，或人民尚未普遍的覺醒。

我一向認爲人民的普遍覺醒較爲重要，有怎樣的人民，就有怎樣的政府；政府不好，是人民的大責任，走遍全世界都一樣，那一種制度也一樣。很多人讀幾本洋書就忘了幾千年的中華文化，而認爲「人民的革命權力」是西方的，中國幾千年專制那來的革命權力，這是不懂充懂充懂的人講的話，其實中國自商湯以來，革命權力都實實在在的握在人民手上。最堅定主張人民有合法革命權力的，則是儒家亞聖孟子，「梁惠王」上章：

齊宣王問曰：「湯放桀，武王伐紂，有諸？」孟子對曰：「於傳有之。」曰：「臣弑其君可乎？」曰：「賊仁者謂之賊，賊義者謂之殘；殘賊之人，謂之一夫．聞誅一夫紂矣。未聞弑君也。」

孟子又說：「不仁而得國者，有之矣；不仁而得天下者，未之有也。」（盡心下）。

是故，孟子等於把古來人民的革命權力，給予理論建構和合法定位，凡是已成爲腐敗、

專制的政權，不顧人民死活的政權，人民應起而革命，推翻不具有「合法性」的統治者，重建合乎人民期待的合法政府。（註五）

在中國歷史上，凡能懂得「人民的革命權力」，並於適當具有的革命環境（如面對腐敗政權），勇於起義革命者，都是「雄性觀點」，故英雄、烈士代代有之，而巾幗、烈女是極「稀有的動物」；「**拒絕平庸／和奴性的卑躬／轟然倒下／是壯麗的犧牲……**」（引「雄性石」詩第三段）**根本就是男人的春秋事業，但也只有極少數的男人有這種天生的特質。**假如我觀察判斷沒錯，我這輩子所碰到的人（有深交成爲朋友的），在山西芮城辦「鳳梅人」報的劉焦智先生，（後記）屬於有這種特質的男人；第二個可能就是王學忠，我說「可能」，因我從未見其人，只從他的詩作思想來判斷。

王學忠確實有這種特質，這是一種「天命」，他應持續爲廣大的勞苦大眾吶喊，讓吶喊的浪潮成爲黃河浪，成爲長江巨流，那麼，他是當代詩壇的「領導」，領導著一股底層人民的浪潮。

有這種「雄性精神」的男人，台灣名作家李敖先生在他的小說《北京法源寺》一書，稱「大丈夫型的人物」，如林覺民，譚嗣同等人。（註六）寫的是男性的豪俠、男性的忠義、男性的決絕、男性的悲壯，但該書並不歧視女人。

這本詩集的「這年頭到底怎麼了」、「詛咒屠夫」、「問太陽」、「一個代表太少」、「送人民公僕成大人」、「人啊人」……到第二輯的「滴血的太陽」、「又遇秋風」、「法的思索」……乃至寫得輕鬆有趣的「有朋友請客」，故事般的「胡言亂語」等詩作，都有一種「籲天的聲音」，爲廣大人民來批判貪腐的掌權者，呼籲統治階層要聽聽人民的聲音，對人民而言是一種「啓蒙運動」，王學忠確實啓蒙了人民，至少是很大的一部份人民。

這本詩集有幾首小詩，詩行少字也少，但能表達無限詩意，想像空間極大「脊梁」、「垃圾」、「鍋蓋兒」、「堵口子」、「刀把子」、「過時的皇曆」。

千萬不能彎
有淚肚裡咽
咬緊牙
把天扛在肩
倘若趴下

天便會坍塌
一灘血淚
埋在瓦礫下……

——「脊梁」——

這詩說了什麼？是當代中國的工農（應已不含兵了）？少數還是多數？「天」指誰？是那幹苦勞的一家老小嗎？或是崛起的中國？中國的崛起是靠勞苦的人民大眾？……「鍋蓋兒」和「堵口子」最傳神，大概全世界吃公糧的地方都如是，五十步百步之差而已。

蓋住即可蒸魚煮鴉
猶如扯個帷幔便可演戲
裊裊雲煙似蓬萊仙境
掙扎慘叫是下邊的事

屈子作「離騷」
是為了抒發情懷
鍋蓋兒的發明者
肯定是位豪傑……

——「鍋蓋兒」——

才堵住這個
那個又決開了
再去堵那個時
另一個也岌岌可危
決口子是自然規律
對穿制服的人來說
決口子堵口子
是例行公事……

——「堵口子」——

怪怪王學忠，這詩寫的真神。「掙扎慘叫是下邊的事」簡單幾個字道盡了許多真理！領導階層若真不顧人民死活，達一定程度，可是會「亡黨亡國」，乃至「亡種亡族」，丟了政權還是小事。舉二個世界級知名的例子。

第一個例子，法國在路易十六時，因皇室腐敗導至政治動盪，人民失業窮困，皇室變本加厲索聚民財，皇后瑪莉安生活更是奢華淫亂。有人向皇后反應說：「人民現在連麵包都沒得吃了！」她竟說：「沒有麵包吃，爲什麼不吃牛排？」不知民間疾苦到了離譜的地步，這位皇后名叫瑪莉安托尼內特（Maria Antonia Josefa Johanna Von Habsburg-Lothringen, 1755-1793）。「掙扎慘叫是下邊的事」，結果就是亡黨亡國，被人民推翻。

第二個例子也是世界級的，台灣在公元二千到〇八年之際，獨派的「陳水扁僞政權」執政，也是貪污腐化、淫亂專橫，大頭目夫人吳淑珍比那瑪莉安更淫亂腐敗，她利用權力大事聚財，凡想升官、做事業的人都要送錢給吳淑珍。難免有心不干情不願者，她竟說：「錢不送來，我叫推土機壓下去！」天啊！如此的「黑心肝第一夫人」，扁家的貪污成了國際大笑話。「推土機」是什麼？不外她掌控的情治和國安系統。

陳阿扁爲首的獨派僞政權，執政八年貪污的錢不計其數，我曾研究比較中國近五百年的貪官，陳水扁家族貪污總額比清代和珅多。（註七）實際上也證明一件事，台獨搞假的，貪錢弄權才是真的，「掙扎慘叫是下邊的事」，也就當然了！但結果都一樣，被人民推翻。

佛陀曾說：「這是五濁惡世。」也常聽人說：「這是一個人吃人的世界。」若然，古今中外都一樣嗎？豈不天下烏鴉一般黑（但我親自看過白烏鴉）。大陸尚處「開發中國家」，問題必然更多，本書末有一首「血的世界」，與實況有多少落差：

血是哽咽
血是笑靨
血是烏鴉的啼鳴
血是盛世經久不息的鼓樂
牛血狗血人血
冷血熱血碧血
血的日、血的月

血的呻吟與浪笑盛滿杯杯碟碟
血，躺在老板燦若旭日的臉上
血，淌在下崗者困厄的寒夜
血是隆冬紛飛的雪花
血是沙場揮舞的斧鉞

血，在每一雙眼睛裡燃燒
血，在每一座墓穴中肆虐
碑碣、宮闕、荒堞
啊，好一個燦爛的血的世界……

這是一首看了叫人驚怖的短詩，用二十個血字彰顯詩的意象，悚然氣氛很快感染讀者眼前的世界，如禪師一棒，原來這個世界這麼可怕。這是就詩論詩，詩意象所產生的張力，太大了。

就真實世界也是，一將功成萬骨枯，萬里長城（從春秋到明朝）是多少人血築起。美國十九世紀的興起是多少黑奴的血淚？而二十世紀之強是兩百萬中國工人爲他們完成鐵公路等基礎建設？大老板、大資本家揮金如土，小蜜一個個換，底下是多少工人的血淚不停流著……

回到本文主題，我的《雄性石》觀點，仔細觀察（也不必仔細、用膝蓋思考也成），古今中外，一切國家、政權、財富，男人掌控多少？女人掌控多少？那一方掌控得多？小學生也知道答案。國家、民族絕大多數（幾可百分百）是男人搞垮的，因爲大權都在男人手上，是故國家民族要復興、要富強，男性要負最大最多的責任。

這並非歧視女性，觀察地球上其他物種生物，其領導權、財產權（食物掌控或優先食用權），幾乎全在雄性手上。人和其他動物當然不同，但同是生物必有共同處，如雄性石特質的雄性觀點，自然法則是最佳的詮釋和理論依據。

註　釋：

註一：米斗，本名竇學魁，一九三四年四月十一日生於山東煙台。他曾是台北「三月詩會」的榮譽會員，但從未參加台北三月詩會活動。可參閱陳福成著，《三月詩會研究》（台北：文史哲出版社，二〇一〇年十二月），有關米斗簡介。

註二：米斗，「天津舉辦首屆三月詩會」，葡萄園詩刊，第一九二期，二〇一一年十一月十五日，第四七—四八頁。台北的三月詩會已有二十年歷史，不知天津的三月詩會與台北的有何連繫？

註三：魏巍簡介，見「論王學忠是不是工人階級詩人」一文。

雁翼，原名顏鴻林，一九二七年五月十一日生於河北館陶，當代著名詩人、作家。他的作品被譯成九種文字，在十四個國家出版流通。雁翼已於二〇〇九年中秋節前夕往生於成都家中，他生前和台灣文壇（葡萄園和秋水詩刊詩人群），有很好交誼，許多作品在這兩個詩園發表。

振揚，本名賀振揚，湖南双峰人，一九四一年出生，著名詩人作家。出版作品有詩集、評論集、傳記文學等多種。

註四：人間福報，二〇一一年十一月二十八日。薄一波（一九〇八年二月十七日—二〇

○七年元月十五日），原名薄書存，山西定襄縣蔣村人，中共老一輩主要領導之一。

註五：「合法性」（Legitimacy）和「合法」（Legality），二詞語意不同。合法性指存在於廣大人民群中，有意識或無意識所默認信守之「天經地義」；而合法通常指國會依法定程序通過，國家元首公布的法律行爲。所以，合法不一定有合法性基礎，更可能違反合法性；全世界處處日日都在發生，印度種姓制度、希臘革命、強人倒下、群眾佔領華爾街、王永慶有四個太太……凡此，都在「合法性」和「合法」之間，掙扎著找尋生存空間。當代台灣最典型的實例，則是獨派在二○○四年大選中，自導自演的「319槍擊弊案」，表面看「合法」取位，但不俱合法性，終究只是一個「非法政權」，一個「僞政權」，因爲分裂主義在中國歷史上向來也沒有合法性，不被廣大的人民群眾認同。

註六：李敖，《北京法源寺》（台北：李敖出版社，二○○○年九月，第一版，第四十八刷（每刷一千本），這是一本深值一讀的書，可以喚醒死去的靈魂。

註七：「中國近五百年來兩大貪官：和珅與陳水扁」，陳福成，《古道・秋風・瘦筆》（台北：文史哲出版社，二○一○年四月），第四輯。

後記：山西芮城縣辦報（非賣）的劉焦智先生，是我半生以來，在全中國大地上（含台灣），所發現具有《雄性石》特質的第一人。（聲明：個人接觸極有限，必定還有很多。）後來，我以劉焦智先生爲主題及與他的因緣，出版了以下作品。

《山西芮城劉焦智『鳳梅人』報研究：論文化文學藝術交流》（台北：文史哲出版社，二〇一〇年四月。）本書我從報人、作家、詩人、儒商、俠者等面向談劉先生；以及他的「鳳梅人」報，對兩岸交流產生的影響和功能等。劉焦智應也「認識」王學忠，他二人都是「葡萄園詩刊」的作者，劉也寫過王的詩評文在「葡」刊發表。

《在『鳳梅人』小橋上：中國山西芮城三人行》（台北：文史哲出版社，二〇一一年四月）。

《金秋六人行：鄭州山西之旅》（台北：文史哲出版社，預二〇一二年春出版）。

我雖極推崇劉焦智和王學忠二人，但人終究是人，世間人個個有問題（某方面），絕無所謂的「完美人格」。但只要他某一小部份的人格特質，達到接近完全，接近了「絕對性」，他就必然能成就一番事業，孫中山、蔣介石、毛澤東等都是，劉焦智和王學忠亦是。他們都必然有其他種種問題，人生也少不了有些遺憾，我只看到他們的《雄性石》特質……

兀立天地間
高聳雄性的威猛
好一幅力的繪畫喲
拉滿的弓

烈風、雷鳴
馬蹄般從身上踏過
記憶的疼痛裡
印著抗爭
永不屈從
拒絕平庸
和奴性的卑躬

轟然倒下
是壯麗的犧牲……

這首詩雖自王學忠出，但太像是劉焦智的奮鬥史了。焦智從小到大吃了不少苦頭，但能以《雄性石》精神，帶領弟弟們從艱困奮鬥出來，今天山西芮城劉家的「西建公司」，才是富有中國儒商精神的大企業。而由劉焦智自辦的「鳳梅人」，才在兩岸文壇產生一些效用，這是一座珍貴的小橋。

我深深相信，當代中國人很多已覺醒、覺悟，「**拒絕平庸和奴性的卑躬**」；劉、王二人只是代表，只是因緣際會被我發現，其他還有更多、更多……

閒話《王學忠詩稿》．兼說雁翼的閒話

這本《王學忠詩稿》（Selected Poems of Wong Xuezhong），中英文對照本，由申身選編，楊虛英譯，雁翼寫序，是從王學忠已出版的各書選編出來。從《善待生命》選十八首，《挑戰命運》選二十六首，《雄性石》選四十首，《太陽不會流淚》選十四首，全書共九十八首詩。

概略一翻果然是各書的代表作聚合而成，所以這本詩稿是二〇〇五年五月前，王學忠所有詩品的精華。推出精華本的目的，如書前出版前言講的，想讓更多國家、膚色的詩人、讀者了解王學忠，了解中國民間詩歌走向，民眾喜好和要求，以及正在變革中的中國社會的陣痛。是故，王學忠身負重責大任，以這本詩稿為「詩歌大使」，代表當代我全體中國詩人，給國際社會傳達多面向訊息，我們當然要把最好的端出來讓人家看看。

首先從雁翼的序「用生命種詩」說起，雁翼老大哥、老詩人也是老同鄉（我祖藉成都），他走後台灣還是有很多詩友懷念他，包含我在內，因爲多年前我辦《華夏春秋》雜誌，雁翼常寄作品來表示支持。但現在針對他給王學忠寫的這篇序，我有些不同的觀點（非關詩、有關政治面），可惜他看不到了。他在西方極樂世界若有感知，應不會怪我在他身後說「閒話」，以他那樣大師級的詩人，定會尊重我這後生小輩一點不同意見。雁翼在序《王學忠詩稿》有一段話：

> 王學忠原是一個工人，一個中華人民共和國的主人，一個領導階級的成員，因此他一直在辛勤的工作。但他的國家要突圍，要奮起，要富強，無可奈何的要有一些人「下崗」。於是，他變成了失業者……

前面那段話，「王學忠原是一個工人」是實然陳述，他曾是一個國企的工人，現在不是（註：二〇一一年底，我和葡萄園詩社主編台客碰面，據台客說，王學忠目前在一家詩刊當編輯，是否擺地攤？不清楚，我寫本書雖和王學忠通過幾封信，亦未提起近況，只知尚在寫詩。或許，王學忠當編輯，妻子英兒擺地攤，生活也還能維持，我雖遠在海峽另一邊的台灣省，相隔千里外，也仍關心這位從未謀面的朋友。）

「一個中華人民共和國的主人」則是應然陳述，指應該是，但不定是．此種論述，如同在西方各民主國家，每到選舉（中央或各級地方）就一直宣傳「人民是國家的主人、你就是主人」，這是政客操弄政治的迷湯（麻醉藥、鴉片）。實際上人民只有投票當天是主人，以後統統什麼都不是，等幾年後選舉又當一天主人，這就是所謂的「民主政治」。故說「應然陳述」，爲應該是，但不一定是。王學忠從未投票選過那一層級的政府領導人，所以實際上王學忠從來不是中華人民共和國的主人。主人是有權力決定重大政策乃至大政方針者，王學忠有啥權力能決定什麼？

又說王學忠是「一個領導階級的成員」，這個說法問題更大，只能說理論上是，實際上不是。先從理論上說，按中華人民共和國憲法（一九八二年十二月四日全國人代會公告施行），第一章總綱第一條：「中華人民共和國是工人階級領導的、以工農聯盟爲基礎的人民民主專政的社會主義國家。」在憲法序言再強調「實質上即無產階級專政，得到鞏固和發展。」所以，按國家憲法規定，王學忠是「工人階級」，正是國家的領導階層，但實際上不是（若是不會下崗、更不須去擺地攤維持生活）。故說，理論上是，實際上不是。像王學忠這樣的人，在中國歷史上，不論那一朝代，不論如何定義「領導階級」，他都距「領導」很遠很遠！我相信王學忠心裡有數，他這輩子何時當過「領導」？

又何時曾有「領導階級」的感覺。雁翼說王學忠是「一個領導階級的成員」，大概只是一句讚美的話，一頂漂亮的高帽子而已。

再從實際上的不是論說，也就是事實上是怎樣?光天化日之下，萬目睽睽所見的真實，誰也不能否認最有說服力。

現在中國國家憲政架構，正是海內外學術界在許多政治學專書所說的「1＋2＋6體系」：國家主席、六大領導班子、最高人民法院、最高人民檢查院。（註一）省縣以下地方各級政府組織，也有相對應的組織體系。而所謂「六大領導班子」是：

1.中共中央委員會（中央政治局、中央政治局常務委員會、中央書記處）。

2.中共中央紀律檢查委員會。

3.全國人民代表大會暨常務委員會。

4.國務院。

5.中央軍事委員會。

6.中國人民政治協商會議全國委員會。

這「六大領導班子」中「政協」歷史背景最特殊，促成國民黨丟了大片江山，共產黨建國成功，「政協」居功至大。但時隔半個多世紀後的今天，政協又開始發揮「倚天劍屠龍刀」的威力，要促成兩岸統一。我當然是樂觀其成，亦極力促成，我一向主張中國必須早早完成統一。前述的「六大」是當前中國主要領導管理階層，也有把黨委、人大、國務院、政協和紀委，稱「五套領導班子」。

說明這些事實，是要解釋當前中國的「領導階級」，是前述「五套」或「六大」，總的說是「1＋2＋6體系」，而不是「工人階級」或「無產階級」。從中央到各級地方，所有「1＋2＋6體系」的官員，有幾個是工人？有幾個是「無產階級」？也許有幾位官員曾是工人出身，但絕不可能形成一個階級。

我讀王學忠的書，也研究他的人生經歷，理解他的思想邏輯，看不出他有「五套」或「六大」的影子，毫無，餘三者就別提了。所以，雁翼說「王學忠是領導階級的成員」，此話與事實不合。

至於說到「國家要突圍、要奮起、要富強，無可奈何的要有一些人下崗。於是，他變成了失業者。」現在已無從了解這種轉變的過程，但通常國營企業要人下崗（裁員或關廠等），定要依法行之，政府也有負責轉業、轉導就業的責任。不能說關門了就叫員工滾蛋，無奈此種事全世界到處有（含台灣地區），王學忠正好碰到壞老闆，而地方政府也視而不見！學術界常有一句話形容，「共產主義是大家有飯吃、資本主義是有飯大家吃」，很奇妙！很弔詭！很兩難！讀者深思之！

《王學忠詩稿》一書有申身提跋記一篇，談到詩的生命力有四個階段性進程。第一階段，是詩人把生活基因孕育成詩的生命力，落墨於紙，載于報刊，與眾多層面的讀者相逢相對話。

第二段進程，則是評論家及讀者對詩生命力的發現、審視和張揚。王學忠的詩目前正在這個流程中，當代詩評家已有共識：人民的詩人寫了人民真情的詩。

第三階段，詩作繼續朝向更廣更遠更深的方向延伸，生命力強的詩能夠「出筆端，入報刊；出詩苑，入社會；出國門，入異鄉；出當今，入青史」。王學忠的詩目前也在這階段考驗中，這本中英詩稿就是要「出國門、入異鄉」，結果如何？恐非這一代人可以知曉！

第四階段是申身所謂的「受用價值」，何謂「受用」？申身舉一九六一年毛澤東主席爲日本黑田壽男書贈了魯迅「無題」一詩，及周恩來引唐代杜牧的詩，和鄧小平亦曾引魯迅詩等，都是受用之實例。詩在文章、書畫、雕刻、談話、典籍……交流中，受用頻率越高，表明生命力越強。

申身的「詩歌四階段生命力論」，我以爲第四階段可略，因爲到了第三階段能「入青史」，已發揮了第三階段功能，算是突破歷史時空，達到永恆不朽的境界，所不同者只是境界高低而已。如大唐詩人李白（詩仙）、杜甫（詩聖）、王維（詩佛）、李賀（詩鬼）及許多詩家，千百年來，代代都「受用」，這是「入青史」後受時間考驗的結果。

對申身的第四階段，我尚有不同看法。嚴格說來，當代人所有的評論及不論何人引用，均非「決定性」之受用評價，包含我自己對王學忠的評價能產生的作用亦極少極少，因爲和王學忠同時代生存的評論者，絕不可能「去感情、去情緒化」，進行完全客觀公正之論述。同時代的人受時代環境、思想、意識型態影響太大太大，那裡做得到完全「客觀」二字。必待後世的人，以後的朝代，中華人民共和國和中華民國全都打烊了，那時間始有公正客觀之評論；或至少和王學忠同時代的人全走了（王也走了），那時也有客觀之評論。

再者，不能以毛澤東、鄧小平、周恩來……等政治人物的引用，做爲有「受用價值」的依據。（不可否認，政治使用也是一種受用價值，我仍覺得不妥。）這種引用對詩人詩品的公平論述，乃至歷史地位評價，吾人以爲作用不大，有時甚至有負面作用。原因如下：

第一、不論毛澤東、周恩來、鄧小平……乃至蔣中正、蔣經國，和我們其實仍在同一個時代背景範圍內。假如再過一百年（已是不同時代的人），仍有人在引用、誦讀魯迅、王學忠的詩作，這才是公平客觀的。

第二、不論毛澤東、蔣中正等領袖級政治人物，他們引詩人（不論誰的）作品，必有政治目的，動機都是「非文學的」，而是政治的，不很單純。

第三、中國近百年來因政治思想的分歧，一般把共產黨稱「左派」，國民黨稱「右派」。於是整個國家、社會、各類團體、學校、文人……被血淋淋的切割成兩塊，非左即右，甚至家庭裡的父子兄弟姊妹夫妻……也被血淋淋的切割，倫理不存，因分屬左右不同黨派，在所謂「國家利益、黨的利益」神話麻醉之下，家人皆成仇人敵人，可悲！在此一大背景下，共產黨政治人物引用左派文人詩人作品，國民黨政治人物亦引用右派文人詩人作品。此類引用多如牛毛，但意義何在？只是把詩人框入「左」或「右」的路線，納入己方陣營，以利鬥垮對方，詩人詩品成了政治鬥爭工具，這種引用尚有啥子意義？

因此，我不認爲毛澤東引用了魯迅的作品，魯迅身價或歷史地位有多少決定性作用；蔣中正、蔣經國也在引用台灣方面的詩人，同樣也沒多少意義，讓未來的歷史去評價才最公正。在王學忠的作品中，有一首詩也收在這本《王學忠詩稿》中英譯本，詮釋了這種觀點，抄錄如後爲本文結論。

人‧名字

每個人都有名字
有名字的不一定都是人
名字是人的軀體
人是名字的魂魄
人死了
名字不一定一同死掉
人墜了下來
名字比人跌得還要粉碎……

Person, Name

Everybody has his name

But those Who have names are not necessarily people
The name is a person's body
The person is a name's soul
When one dies
His name does not necessarly die together
But When one drops
His name will Smash more thoroughly……

註　釋：

註一：關於中國國家的組織體系，簡約本可讀本書作者陳福成著，《找尋理想國：中國式民主政治研究要綱》（台北：文史哲出版社，二〇一一年二月）。詳盡本可讀：李炳南主編，朱光磊著，《中國政府與政治》（台北：揚智文化出版公司，二〇一〇年九月，第二版）。朱光磊先生，南開大學教務長、周恩來政府管理學院政治學系「長江學者」特聘教授，國務院學位委員會學科評議組成員，全國高校政治學教學指導委員會副主任委員，中國機構編制管理研究會副會長。

從劉焦智到王學忠

——為《太陽不會流淚》找一個合理的解釋

王學忠詩集催生的感言

萌 春

實在是難得呀！

王學忠先生的幾本書：

《雄石》、《地火》、《太陽不會哭》

「市長大人的翩翩風度」

「裹在西服裏的是將軍肚」

「剛抖落舊宮殿倒塌的塵埃」

「又鑽進了新建造的王府」

「魚蝦雞鴨只是桌上的盤中餐」
「扔進垃圾箱裏的是狗和兔的骨」
「龍子是人事局的局長」
「鳳女是那個小城的首富」
「適才裝進腰包的是俸祿」
「這會兒鎖進抽屜裏的是賄賂」
……。

——這不像是一個小店老板的詩句
分明是十幾億人民的怒吼；
——這不像是一半百個方塊字，
分明是對腐官轄區的繪圖；
——這不像是幾本紙質的詩集，
分明是960萬平方公里的士地上
百姓用血淚凝聚而成的一道道火柱。

其實啊！
被人民供養　卻反而害民的此類，
並不是此輩獨有的邪術，
——趙高、秦檜、和珅、汪精衛
他們有著正宗或者偏支的先祖。
——超越列祖列宗的神功只有一個：
他們每個人　能像跳騷虱子一樣：
有著一夜見子見孫、繁衍幾代的天賦：
8800多個貪官投入了洋人的懷抱，
與八國聯軍的子孫一起去歡舞，
——消費著十幾億炎黃子孫的血肉。
究其因，
有奇術：

杜絕百姓告狀的確有「奇招」：
某省委門外撒下了便衣的暴徒，
——對上訪群眾不問青紅皂白先動武！
用民血民肉　雇傭了一群欺民的打手
這也可以稱之為人民的公僕？？？
罪惡累累、劣迹斑斑的市長和書記
靠「死緩」二字享受著王爺的清福；
「官官相護有牽連」啊！
——無數個哭啞了嗓子的秦香蓮，
死活尋不見放有三鍘的開封府！！！
——在「維穩」這個尚方寶劍下
一群群寄生蟲　堂而皇之地得到了袒護。
……　……
！！！　！！！　！！！

？？？？？？？？？？

實在是難得啊！

王學忠先生的幾本書：

靠中華民族生生不息的雄石，

有中華大地處處燎原的地火，

我敢肯定：太陽早晚要流淚，

——但那絕對不是哭！！！！！！

辛卯年二月初八未時、申時　於鳳梅微型辦公室

引「鳳梅人」報，總第69期，二〇一一年四月五日。

前面這首「籲天錄」是山西芮城劉焦智先生的吶喊，是看了王學忠《雄性石》、《地火》、《太陽不會流淚》等詩集，企圖喚醒當代中華民魂。但總覺久喚不醒（效果很低），只好籲天，向上天籲求給一點力量吧！

讀王學忠作品，我發現碰到一個大問題，而這個大問題是王學忠丟出來的，他丟給

所有人，掀起了千層浪，這是好事，素示這一代的中國人還是很多有血性有良知的。如果毫要反應，那才可怕！那表示這一代中國人的良知全給狗吃了！

但王學忠丟給我的問題，變成了我自己的問題，乃至動搖了以往我的一些基本看法，成了我心中的疑惑。尤其先讀《挑戰命運》、《雄性石》，讀到《太陽不會流淚》，你整個人似乎到了一個「臨界點」，「啊，我的祖國」、「夫妻店」、「群眾呼聲」、「我的安全誰保障」、「一群女工」、「絕望的淚」、「因為有病」、「太陽不會流淚」、「火光沖天」、「決正發布後」、「三個億擺平」、「被暴風雨刮倒的樹」、「企求的眼睛」……至後的「不能向你說」、「因為我是詩人」、「眼睛」……問題與疑惑到了臨界點，產生了悲觀情緒。

這是天大的問題，可怕的問題，成為我的問題，長久以來我研究中國的崛起，按歷史法則和現狀觀察，廿一世紀真的可以成為「中國人的世紀」，可以成為領導世界的富強國家。這樣的信念因王學忠的詩、因劉焦智又潑了一桶冷水，好像更清醒的看清中國的現狀：今天的中國社會、政壇、官場，已經普遍的到處存在腐敗、墮落、骯髒、齷齪，一個沒有希望的國家，廿一世紀依然不會是中國人的世紀？不可能吧！

但希望我只是一時的情緒低落，王學忠和劉焦智說的寫的都是「個案」，都是局部、片面。國家發展、社會轉型難免有些大問題，王學忠的詩不只有勞苦人民大眾的悲情吶喊，也有很振奮人時的。「鐮刀與鐵錘的旗」（部份段）：

中國人民站起來了
巨手一揮
揮去五千年苦澀的淚滴
當家作主的喜悅
伴朝霞萬縷
在黎明的花瓣上揚眉吐氣　（第三段）

無論風雲怎樣變幻
理想不能滅
信念不能移
鐮刀與鐵錘的旗
永遠矗立心中

飄揚在中華大地（第六段）

盡管這首詩寫到「鐮刀與鐵錘的旗」，但只要能使「中國人民站起來」，成功何必一定在我。李敖幾年前到大陸訪問，在北大演講曾說，共產黨把中國建設成漢唐以來空前的繁榮強盛。這話如果關起門來（不和世界各大強國比），說的是實情，但若和世界超強美國一比，我們還差的太遠太遠。畢竟，李敖研究的是文學、歷史和政治，在戰略方面（包括國際大戰略、國家戰略、軍事戰略、野戰戰略），李敖還是陌生的。

其實，一個國家的領導階層有沒有戰略思維，才是決定一個國家（民族）百年生命與千年發展的「看不見的關鍵點」。我始終存在一個疑惑：今天中國的領導階層有沒有這種戰略思維，有幾個具有這種思維的戰略家？若有，中國有希望了。而另一個我最近的疑惑，王學忠寫到的那些政壇腐敗現象，是局部或整部？是個案還是全面？從文字來看整部、全面，所以才引起震憾，掀起了千層巨浪。

中國政壇、官場及社會各個公共領域的貪污腐敗程度，還有各級官員、有錢的大爺或社會精英等生活的糜爛程度，到底是局部或全面？我更直接說，是王學忠詩所寫苦難民眾的吶喊是少數或絕大多數？有多少普遍性？在中國歷史上這是嚴重的問題，因爲民心向背由此來測定，人民會不會起來革命或造反，與此有直接關係！

這真是難以論斷，當我爲本文頭痛時，國際透明組織公布「二〇一一年貪腐印象指數」報告。（註一）這是頗有參考價值的依據，該組織由專家評估全世界一百八十餘國家（地區），台灣清廉度六點一分，全球排名第三十二名；大陸清廉度三點六分，全球排名第七十五名。如何解釋這份「考卷」，只能說台灣貪腐情形「嚴重」，而大陸「非常嚴重」，全世界最清廉的國家（地區），前十四名依序是紐西蘭、丹麥、芬蘭、瑞典、新加坡、挪威、荷蘭、澳大利亞、瑞士、加拿大、盧森堡、香港、冰島、德國。權力過度集中導至貪污腐化，雖不須當成定律，至少也是一種原則。

中國是堂堂全球大國，又想當廿一世紀全球的領導大哥，總不能背負「貪污腐化」的形象，那是「不可承受」之重的罪名。

報導清廉度之同時，該報也報導山東省副省長黃勝貪污九十億美元，家人全移民海外。（註二）黃勝是何人？他出生於一九五四年，山東威海人，一九八四年任職山東省委辦公室秘書，後直升主任，四年前出任副省長。報導說黃勝包養四十六名情婦，這可能報導有誤，一個男人要和四十六個女人交配，可能早已命喪金屋，有很多情婦是可能的。這種案子我注意的不是報導中黃勝一人，而是背後沒有報導出來了。試想，貪污九十億美元（台弊二千七百多億），此絕非一人所幹，絕對是一群「有組織的共犯結構」。是故，整個山東省政府可能都有問題，黃勝一人就撈了九十億美金，整個共犯群豈不貪污幾百幾千億人民弊，這是合理的推論。

鮮紅的郵戳
盛宴一桌桌
美食美色美酒
醉熏熏的囈語
伴陣陣嘹亮的飽嗝
啊，我的祖國
萬紫千紅是朱門的綾羅

朱門的綾羅
楊柳般在春風中婆娑
搖曳的陰影裡

傳來幾聲顫抖的喘咳
佝僂的身子猶如田螺
啊，我的祖國
山腳下是陰森的溝壑

引「啊，我的祖國」第二、三段

啊！祖國！怎麼了！你最近事情越來越不妙！殺人、放火、強盜、搶劫、貪污、腐化……這是局部還是全面？這是個案或是普遍現象？余光中的詩曾說「母親得了性病還是母親」，言下之意說母親就算不顧家在外亂搞，又得了性病（和別的男人搞的），還是母親，身爲兒女還是不能拋棄母親，總須要給兒女（或丈夫）一個合理的解釋吧！

我找到了合理的解釋，雖不能完全解釋王學忠和劉焦智拋給我的問題，至少我更清楚「母親的病情」。這是現在在職的中國解放軍空軍上校戴旭的論述，戴旭出版過《盛世狼煙：一個空軍上校的國防沉思錄》、《海圖騰：中國航母》、《C形包圍：內憂外患下的中國突圍》等等，他的書讓我更了解「母親的病情」，相信戴旭看到當今中國的病情，也就是王學忠和劉焦智看到的。所以，王學忠和劉焦智可謂當今民間文壇的戴旭上校，而戴上校正是國防軍事領域的王學忠或劉焦智，都是能看清當代中國病情而有悲天憫人精神的智慧之士。

戴旭的論述在網路上流傳著，題名「醒世危言：一個解放軍空軍上校的沉思錄」，該文很值得在這一代的中國人流傳，以產生醍醐灌頂的啓蒙作用。近來我參加各種活動（台灣・大陸），都列印該文在現場分發，很想把全文當成本書附件，廣爲宣揚，但怕被當成「剽竊」，乃抄錄重點如下：

> 今天美國GDP的構成是什麼？太空產業、航空產業、船舶製造，人家的航空母艦全是自己造的，民航全是自己造的，軍機也是自己造的。電腦產業、生物科技、現代農業，它占世界第一的軍事優勢就是這些東西在支撐。日本的GDP是什麼呢？汽車工業、電子工業，全是這些。正因為這些工業奠定了日本在世界上第二強國的位置。俄羅斯的GDP現在也是機械製造、航空工業、核工業。所以說儘管俄羅斯的GDP只有我們的一半，但世界上仍然把俄羅斯當成大國，這也是俄羅斯下一步必將復興的基礎。
>
> 再看清朝，我們清朝的GDP是什麼呢？清朝的GDP是茶葉、蠶絲、瓷

器這些玩意兒，人家是什麼？鐵甲艦、大炮。所以我說戰爭是雙方 GDP 品質的對撞，不是 GDP 數量的抵消。一天我和軍工產業的一個老總聊天，他說航空工業的老總提出，航空工業要在近幾年內達到萬億產值。達到萬億有什麼用呢？如果不掌握核心技術，單純追求 GDP，那就什麼都不是。我們今天的 GDP 跟清朝差不多，主要是什麼構成的呢？房地產、紡織品。

有一句話是薄熙來說的：「八億條褲子換歐美一架飛機。」八億條褲子想想堆起來有多大，把一個大型的廣場都占滿了，才能換人家一架飛機。還有煙酒、玩具，就是這些東西，這些東西在戰爭時不能轉換為國防力量，我們不能拿著玩具去跟人家打仗吧。所以在戰爭的時候怎麼辦？那就「用我們的血肉築成我們的長城」。

在我的《盛世狼煙》那本書裡，我說房地產支撐不了大國崛起，我當時有一個觀點，我說：現在的房地產，是國內的壟斷資本和國際資本聯合起來打劫中國人民的財富。我們目前所有主力戰鬥機的發動機全是人家的，殲-10 用的是俄羅斯的發動機，飛豹是英國的發動機，預警機 EL76 是人家的原機，我們很多大型軍艦用的也是人家的發動機，你連個發動機都造不出來，搞一萬個億有什麼用呢？

中國人一直夢想的是復興和崛起，但在美國和日本的眼裡，它們思考的是一隻肥牛已經長大，何時開刀宰殺。一百多年的洋務運動不就是如此嗎？經過三十多年「改革開放」，中國積累了很多財富，日本突然撲上來，像一隻野狼咬住牛蛋一樣，把中國放倒，然後其他猛獸一起撲上，把中國洗劫一空。現在，中國改革開放又三十年了，又弄了不少錢，它們又眼紅了。特別是看到很多中國人沒有警惕不思進取，更覺得有機可乘。

所以，美國率領歐洲的那一群老的食肉動物，又帶了亞洲的一群小動物，在中國這只大黃牛身邊轉來轉去，尋找下手的地方和時機——有的公然佔有中國海島，大肆攫取中國資源；有的把石頭當鑽石賣給中國，有的……舉世無不以欺壓中國為能。

我預感未來中國要麼會遇到巨大的內部，或周邊此起彼伏的戰爭，要麼兩者一起來。一旦打起來，亂起來，時間就短不了。我判斷美國不會直接和中國打，因為大國之間動起來，地動山搖，而且美國從來都是讓別人打頭陣，等人家打累了，自己再上。可能先發生周邊地區的戰爭，美國干預，先消耗中國。這些戰爭除南海以外都有可能引發核戰爭。等中國打累了周邊也打累了，美國就該出來了，像兩次世界大戰一樣，當漁翁，撿走亞洲五十年發展的成果。

為什麼是二〇二〇和二〇三〇年？看看美國給自己軍隊定的轉型時間表就知道了。到二〇二五年左右，美國現在的四大軍種，全部轉型完畢。那時，它還有兩個新軍種，一個是天軍，一個是網軍，這兩個是主力。六大軍種，採取「一小時打遍全球」理論。美國以往對小國，是斬首行動；未來對大國，是快速戰略癱瘓。

我要簡單地介紹一下美國的新軍事戰略。它「一小時打遍全球」的三大武器系統，一是安裝常規彈頭的三位一體的洲際導彈，二是空天轟炸機，三是太空武器和網路武器。之後，才是隱身空軍和無人攻擊機、機器人部隊等。它的防禦體系就是全球反導系統。攻防兼備。為了實施這一最新理論，美國一直在進行數字地球的工作，其實就是建立地球軍事地理資訊。它的偵察衛星已經把地球掃描完畢，它們還通過美國公民全球的合法旅遊，拍攝視頻、照片，充實這一資訊庫。前兩年中國在新疆和甘肅等地連續發現日本人搞測繪，其實就是在為日美提供戰略資訊。清朝時候日本就開始測量中國的地理了。現在又開始了。

中國尚未意識到危機的……中國「胖乎乎的國民」被小財富腐蝕了靈魂，變得貪圖享受，意志萎靡，懦弱不堪，全國到處燈紅酒綠，紙醉金迷，洗浴中心之多，縱欲之風之盛，超過羅馬帝國晚期。精英階層厭戰、怯戰情緒濃烈。黨政軍辦公大院，哪個不被高級飯店包圍？一些貧困縣也大蓋樓堂館所，這是什麼？是中國的腫瘤！為什麼不用這些錢投入高科技？七品官上路都開豐田霸道，小鄉長也車接車送，一年中國光是吃喝和公車費用就是幾千個億，相當於一百多艘大型航空母艦。

學界掩耳盜鈴，官場追名逐利。南宋時有人問岳飛，天下怎麼才能太平？岳飛說：文官不愛錢，武官不惜死，天下太平矣！看看今天的省部級的文官貪官有多少？武官呢，原海軍副司令王守業，貪污過億，情婦一大群。窺斑見豹。有個很漂亮的穿軍裝的女演員，到處唱「今天是個好日子，趕上了盛世咱享太平」！民族精神可想而知。

十九世紀初，美國剛剛崛起。他們的民族精神是什麼樣子的呢？我們看看他的總統的一個演講就知道，他說：「如果我們要成為真正偉大的民族，我們必須竭盡全力在國際事務中起巨大的作用……懦夫，懶漢，對政府持懷疑態度的人，喪失了鬥爭精神和支配能力的文質彬彬的人，愚昧無知的人，還有那些無法感受　到堅定不移的人們所受到的巨大鼓舞的麻木不仁的人——所有這些人當然害怕看到他們的國家承擔了新的職責，害怕看到我們建立能滿足我國需要的海軍和陸軍，害怕看到我們承擔國際義務，害怕看到我們勇敢的士兵和水手們把西班牙的軍隊趕出去，讓偉大美麗的熱帶島嶼從大亂中達到大治……如果我們不參與這種必須以生命和珍愛的一切去獲取勝利的激烈競爭，那麼比我們野蠻強大的民族將甩開我們，控制整個世界。因此，讓我們勇敢地面臨生活的挑戰，決心以男子漢大丈夫的氣概去完成我們的職責，用我們的誓言和行動來維護正義……只有通過艱苦危險的鬥爭，我們才能取得我們民族進步的目的。

今天的中國人，比那個時候的中國人，好到什麼地方了？有一種車，兩千五百萬美元，全世界只有五輛，三輛在中國！可是，這麼富有的國家，面對周邊所有的挑釁，沒有一次有反應的，美其名曰「韜光養晦」，魯迅時期，阿Q只一個，現在到處都是！現在很多中國人不僅不敢迎接戰爭，連談論都不敢談。一些國家屠殺華僑，不敢動用軍隊。

當年祖國遭入侵，多少華僑救祖國？死了五六十萬！現在華僑遭難，祖國不敢去救！千古羞恥！連去年某太平洋島國接僑民，國外預測中國可能出軍艦，我們的學者一連幾聲反對，認為不可行，不可能，嚇得尿褲子。

當年八國聯軍入侵北京的時候，他們一邊燒圓明園，一邊想：萬一有一天中國起來了，他們的青年，拿著跟歐洲一樣的武器，到歐洲復仇怎麼辦？所以，當一個中國古董商給他們出主意挖清朝皇帝陵墓的時候，他們拒絕了。但是，一百多年過去了，那一幕永遠也不可能發生了。中國人有那個志向嗎？所以，有時候我一聽到有些中國學者說，中國不能去救自己的華僑，不能去收回自己的領土、領海，怕人家說，就非常噁心：威脅世界？你配嗎？你有那個能力，有那個雄心嗎？你以為你是漢武大帝的後裔還是成吉思汗的後裔？自作多情！

二〇〇九年九月十五日，一個叫馬克斯·麥克亞當的英國人在《環球時報》發表文章說，「中國人是世界睡覺冠軍」。說的是他在中國各個場合的見聞。這真是個敏感的人。

西方富裕了五百年，美國也富裕了一百多年，依然精神抖擻。中國才改革開放三十年，剛有一點小錢，就又貪圖安逸地眯起了眼睛。

前面說 GDP「狗的屁」的時候，說了中國的工業結構，這是中國另一個致命的身體上的死穴。二戰前，史達林說：中國沒有軍事工業，現在只要誰高興，誰就可以蹂躪它。從晚清到民國，中國一直就像一個富裕、漂亮、柔弱的寡婦一樣，誰都可以掠奪她，欺辱她。今天，中國還是沒有像樣的現代工業，沒有在高技術領域佔有一席之地。航太工業最突出，也不過相當於美俄五十年前的水準。航空工業不說了。幾種主戰飛機的發動機都是外國的。沒有自己的大飛機。航空母艦就更不用說了，到我們造出來的時候，也不過是追上西方一百年前的水準。美國的航太母艦現在已經在試飛了。

我們現在幾乎所有的「核心產業」都是「空心」產業。我們現在的經濟結構，這些構成 GDP 的財富，都沒有保衛自己本身的本能，到最後都是人家的。甲午戰爭中國戰敗，一下子賠了七倍於日本財政收入的錢。日本現代化的基礎就是那筆錢奠定的。美國就不一樣，它的所有構成 GDP 的東西，不僅本身就是財富，還能保衛自己的財富，還可以掠奪更多的財富，比如他的太空產業，它的資訊產業，它的航空產業，它的造船、它的化工等等。它們的GDP，就像一輛坦克，可以開到世界上，想怎麼樣就怎麼樣；我們中國的GDP呢，就像一台拖拉機，只能在自己的田野上收割自己的莊稼。國家的戰爭，就是GDP的對撞。我們的拖拉機，能撞得過人家的坦克嗎？

來上海的路上，我一直在看抗日戰爭史。就在上海這個地方，淞滬抗戰，上海人打得很英勇，一點也沒有娘娘腔。但是，蔣介石的七十萬部隊，其中還有的個德式裝備的師，最後被日本二十多萬部隊打得落花流水。為什麼？裝備是很大的原因。整個抗日戰爭，日本投入的軍隊也就六十多萬，中國人死傷了多少？三千五百萬！因為沒有鋼鐵構築長城，只能以血肉築成我們的長城。就是這樣的傷亡，如果不是美國和蘇聯的合力，我們什麼時候趕出日本都不知道。日本說還要準備和中國打百年戰爭，我看不是沒有可能。當年法國和英國就打了百年戰爭，因為雙方實力相當。中國有人有地盤，日本有工業有精神。這樣的教訓還不夠嗎？為什麼我們現在還不吸取教訓呢？我都不敢想像，如果中國和日本的人口和國土條件換一換，會是什麼結果？為什麼我們就不如日本？

我們要敢於迎接合理合法的戰爭，改善安全態勢，刺激經濟，振奮國民精神。新中國的穩定局面，和經濟發展良好的時期，都是幾場自衛反擊作戰的結果。狼是打走的，不是勸走的。

中國需要戰略家，更需要堅定、勇敢和充滿憂患意識的人民。世界上沒有打不敗的敵人，中國的面前也沒有邁不過去的難關。最大的危險是看不到危險。我們的很多學者和官員，只看到鮮花美酒，GDP，眼睛盯著權位和女人，像一隻短視的食草動物。

別睡了，朋友們！我們不能低級到只貪圖安逸和肉體享受。我們不能為了錢失去所有的東西，我們不能窮得只剩下錢！

我最近寫的一個東西《C型包圍》，實際和《地緣大戰略》有相似的地方。《C型包圍》寫的是從日本列島到蒙古，在我們三十年來改革開放的同時，美國也沒有閑著，美國做的事情就是沿著所謂的新月型包圍圈對中國進行陸地包圍，海上包圍到日本為止，陸地包圍圈從印度展開，一直沿巴基斯坦、阿富汗，到中亞，然後再向蒙古延伸，實際上現在就剩下俄羅斯的東部和朝鮮半島這個地方，還沒有完全圍住；隨著下一步美朝關係的改善，可能形成進一步對中國不利的結果，那中國就是被O型包圍，書的價值就在這兒。

中國處於即將被完全合圍的包圍下，我們很多學者還在做什麼大國的夢。我認為他們在做夢，這是一種幻覺，是歷史的迴光返照。這個時候到底中國是一個什麼樣的國家，中國會有什麼樣的前途，會面臨什麼樣的危機，這個事情有必要重新看世界，只有看到外部，才能看清自己。

美國已經從肢解蘇聯中得到巨大的好處，那些分裂了的小蘇聯，幾乎都倒向美國，為美國提供政治支持和資源，以及安全縱深和盟軍。蘇聯不解體，是一堆壓向美國的大石頭，蘇聯解體，是美國砸向俄羅斯和未來中國的一堆石塊。

同樣的道理，中國不解體，對美國構成戰略壓力；中國解體了，就是威脅日本、印度、俄羅斯的一堆石塊。可以這麼說，中國、俄羅斯解體了，美國的全球帝國地位就奠定了。因為歐洲已成破碎地帶，印度本來就破碎，日本被騎在身下，美國還有什麼敵人呢？至於世界的恐怖襲擊，只是全球帝國的治安事件。

未來十年慘不忍睹：中國尚未意識到危機的……

只有從美國最深的戰略動機出發，才能看透美國對華戰略，看透美國對華全面戰略包圍，同時又組織針對中國的第五縱隊的目的。

可以看到，XX力量，香港X派，法輪功；民運分子，達賴集團、熱比婭集團，總後台無一不是美國，無一不是接受美國的政治、軍事、輿論和經濟支持。而美國支援這些中國分裂力量的目的，也只有一個，那就是讓臺灣和香港，不要融入大陸的統一發展進程，讓大陸繼續分裂，由外向內，最後解體。

根據俄羅斯的情況看，我判斷，中國可能先於俄羅斯解體，而俄羅斯有可能在這個過程中崛起。中國的命運，既可以用孫子兵法的「廟算」推出來，也可以用現在最先進的電腦類比技術推出來。可笑那些小官僚們還在算計著自己的烏紗和銀兩，口中念念有詞什麼「崛起」什麼「復興」。

有這樣一個短信，可做世相素描：「哄領導開心就做做假，哄群眾開心就做做秀，哄情人開心就做做A，哄自己開心就做做夢」。所以，開始的時候，我說大家可以繼續做夢。

可我還是要說，中華民族真的又到了最危險的時候。

黑格爾說：一個民族有一些仰望星空的人，他們才有希望。中國有幾個這樣的人？仰望星空的人，寥若晨星！中國太多的人，都在夢中。各有各的夢。

中國如今在內功尚未練好、只是長出了一堆肥肉的同時，一個針對中國的戰略包圍圈，卻在逐漸成形。關於這一點，戴旭在他的書裡有詳細描述。美國對中國海陸並進，海上包圍圈以日本為起點、印度為終點，陸地包圍圈以印度為起點、中亞為終點，由海到陸形成了一個「C」形包圍圈。這種包圍是以美國與有關國家的同盟關係和在有關國家建立軍事基地為標誌，為配合這種「C」形包圍圈，美國還對中國設置美元陷阱、對中國實施金融掏空；利用臺灣問題或者挑撥中國周圍國家，對中國進行外交鉗制；還不遺餘力插手中國新疆和西藏事務，不懈地在中國內部培育第五縱隊。一句話，是明裡暗裡對中國圍追堵截。

美國為什麼要包圍中國？從世界戰爭史看，海洋大國和陸地大國天然就有對立。正如美國前國務卿基辛格所說的那樣，如果歐亞大陸上的大國聯成一片，美國就會成為歐亞大陸之外的一堆小島。美國對可能支配歐亞大陸的任何大國因此都有戒心，無論中國、俄羅斯還是歐盟。而就當下時刻來說，美國對中國的戒心尤其為大。

這有兩方面原因。一是世界戰略焦點業已轉到中國。正如戴旭在書中分析，二十世紀中期以前，世界戰略鬥爭的焦點一直集中在歐洲，當時大國間鬥爭的中心問題，是爭奪國際工業霸權。二十世紀六〇至八〇年代的二十年間，世界戰略鬥爭的重心由歐洲向中東轉移，其中心問題是爭奪世界石油資源的控制權。二十世紀九〇年代以來，隨日本、亞洲四小龍、中國先後獲得強大經濟增長，世界戰略重點隨之轉到亞太地區。而「每當一個地區成為世界戰略的焦點，伴隨它的都有慘烈的戰爭」。

另外一個原因則在於美國已相對衰落。無論從工業產值在世界中所占比重、貿易盈餘還是在世界體系中的影響力等因素來看，美國現在都已遠遠不如以前。這是歷史大勢所然，二十世紀下半葉以來世界政治權力由西方向非西方的部分轉移，在廿一世紀初已經加速。美國的相對衰落對中美關係其實挑戰性更大。美國現實主義國際政治學者羅伯特·吉爾平就指出，在霸權處在上升期的時候，容易與其他國家起衝撞；在霸權處在衰期的時候，更容易與其他國家發生衝撞，因為任何霸權國家都會害怕失去支配地位。

最近幾年來美國不斷有人一會說中美乃「利益攸關方」，一會拋出「中美國」概念，一會又提出中美共治世界的「G2」輿論，這不是真要樂見中國復興，而是如上世紀八〇年代美國前總統雷根在對付前蘇聯時所做的那樣，要通過讓中國負擔更多國際責任和中國「和平競賽」，把中國國力消耗掉或者誘使中國內部出現變異。全部的招數都應了小布希時期曾任國防部長的拉姆斯非爾德所說：「在對手還沒有崛起的時候，打倒他所用的力氣最小。」

以上我如此抄錄戴旭上校的「醒世」之言，按學術規定已超過「引用」範圍，但春秋大業不拘小節，相信戴上校也樂於把他的理念廣爲宣揚。我身爲國民革命軍的退休上校，與一個解放軍的現役上校，看法竟這樣的不謀而合，實在是經過四十年慢慢的「演化」而成。

戴上校文中提到薄熙來說的「八億條褲子換歐美一架飛機」。這位「薄熙來」，正是本書「讀《雄性石》的雄性觀點」一文中，薄瓜瓜的老爸，黨國元老薄一波的兒子。如果瓜瓜只會玩車搞女人，那也只能說薄家真是一代不如一代！

你看見了嗎
竊賊正向你走來
擄走了錢包，扼住了脖頸
然而，偌大的世界竟無反應
唯有冷雪紛飛飄零

你看見了嗎
公僕成了老爺
旋轉的轎車輪子
碾著昨晚小蜜的溫柔

和保險柜裡溢出的夢
你看見了嗎
為啥竟無動于衷
如果你什麼也沒看見
你呀，不過是兩只會動的窟窿

引「眼睛」後三段

「得了性病的母親依然是母親」，當然！戴旭論述使我對「母親」的病情有進一步的理解，但王學忠和劉焦智未必理解，畢竟國防戰略才是我的本行，我確當成合理的解釋。「你看見了嗎」！十多億的這一代中國人看見嗎？看見了我們共同「母親」的病情嗎？

註　釋：

註一：人間福報，二〇一一年十二月二日，第二版。
註二：同註一，第四版。

《王學忠詩歌現象評論集》現象再議

《王學忠詩歌現象評論集》（A Collection of Criticisms on the Phenomenon of Wang Xuezhong's Poems），以下簡稱《王集》，由北京藝術與科學電子出版社出版發行（二〇〇六年十一月第一版一刷），吳投文、錢志富主編。

《王集》一書所評詩作，我在這幾年曾零星讀過。但這本書是我在二〇一一年秋之際才拿到，由詩人王學忠親自提字送上白雲，飄過台灣海峽上空，落腳台北新店溪畔。王詩在大陸掀起黃河浪潮般的議論，甚至海外也有些微風細雨，台灣卻未引起一圈漣漪，殊爲可惜！

《王集》有四輯，可謂質量厚重的嚴謹評作。第一輯「博士論壇」有十三人的十四篇評文：吳投文、錢志富（有二篇）、熊元義、楊虛、劉忠、陳學祖、孫德喜、汪樹東、梁笑梅、張黔、鄭玉明、晏杰雄、劉向朝。（註一）

第二輯「諸子如是說」有四十七君子四十六篇評文：胡德培、樊發稼、敖忠、潘頌德、穆仁、馬德俊、黎山嶢、朱先樹、李子、朱多錦、王玉樹、謝輝煌（台灣）、藍雲（劉炳彝、台灣）、李蘇卿、苗雨時、王存玉、厚夫、雷業洪、周達斌、丁慨然、陳有才、張寶樹、朱兆瑞、王耀東、林童、西果、子張、佘小剛、熊光明、羅文軍、寒山石、錢志富、馮楚、祝忱漱、哈占元、梁小娟、羅開鄉、劉赤虹、劉鳴、謝國有、顏小芳、李鵬慧、楊晶、求風、許海燕、胡懌、胡業昌。（註二）

第三輯「序・跋選」六家六品：魏巍、雁翼、查干、賀振揚、申身、楊虛。（註三）

第四輯「域外之聲」六家六品：Rosemary Regina Challoner Wilkinson（露絲瑪麗・威爾金森，美國）、Jan Mattisson（簡・麥提森，瑞典）、Ingemar Ottosson（英格瑪・奧托森，瑞典）、Paul Watson（保爾・沃森，美國）、Yong Yiu（游永，美國）、Elaine L. Nadel（埃倫・納戴爾，美國）。（註四）

《王集》有魏巍、劉章寫序，另加吳投文一篇後記。近年來對於王學忠的作品（手上有的），我都會仔細閱讀，記錄重點，檢視書上其他各家的說法，包含這本《王集》。絕大多數評文我都覺得中肯、嚴謹，及兼顧正反論述，我只對少部份有意見（含褒貶正反）。簡記於後：

一、魏巍的「馬恩史列毛史觀」不能苟同

魏巍的馬列史觀我不能苟同，尤其他把王學忠也「拉下海」更不能認同。（見「論王學忠是不是工人階級詩人？」一文）他在《王集》序說，要王學忠再加強馬列主義毛思想的學習，是開歷史倒車，簡直是「不長進的頑固主義者」。結果又說「我們已經受這種孔老二體系下的奴隸哲學的影響太深了……」（註五）若魏巍當權，中國豈不再大幹一場「批孔揚秦」、「文化大革命」，四書五經全扔毛坑裡？

二、吳投文對王學忠「戰士型詩人」定位最正確

在所有王學忠的封號中，吳投文稱「王學忠是一個戰士型的詩人，他對腐敗現象疾惡仇，他在詩歌中所表現出來的並不僅僅是一種單純的道德義憤，而且有他自己對現實與考量。」（註六）這種論述最合王學忠的性格，也合我的性格，才能在千里之外叫我心動。王學忠、劉焦智和我，我們都有一種「戰士性格」，也才能互相產生共鳴，進而互相欣賞。

戰士型性格的人，面對敵人（種種貪污、腐敗、惡行敗德及其他），必然以決戰之

姿，與敵誓不兩立，不消滅頑敵不干休。我讀王學忠詩就是這種感覺。吳投文也指出王詩情感失去節制，內在張力不足，我覺得很合於事實。（註七）但世間價值、觀點都是相對的，一利必生一弊，如何達到圓滿境界？須王學忠好好努力了。

三、錢志富「不屈的詩魂、不朽的詩篇」太超過（註八）

錢志富這篇評文，講的過火（溢美過頭了）。他一開頭指出王學忠的詩感天地、泣鬼神的奇迹，我們珍惜這個奇迹。到此都講的中肯，接著說「膜拜這個奇迹」便過頭，再提到「應該以當年賀知章評價李白的姿態來評價他，我們應該以當年聞一多評價臧克家的姿態……」這樣又把王學忠地位推的太高了，有危險。因爲錢文結語說「能有兩本進入文學史，不管他今後如何，這已經可以死而瞑目了。」

言下之意，五十幾歲的王學忠（判斷），他的文學藝術境界已和李杜平齊（達詩仙境界），再也不可能超越的境界。作家（藝術家）走到生命的顛峰，再也不能突進上昇，可能有兩條路選擇，一是封筆（如金庸），一是自殺結束生命（如三毛）。所以錢文把王學忠推的太高，對詩人有危險，就算詩人不選那兩條路，也可能在原地打轉，真的不再長進了。

四、孫德喜說與不說的地方（註九）

孫德喜讀王學忠的詩，深刻感受到王詩寫出了時代的疼與痛，這種疼痛是因爲詩人所見盡是整個政局，乃至大多社會面，充滿腐敗墮落和惡行。孫君解讀源頭就是「權力高度集中得不到有效監督和制約」，這不就是一黨專政的結果嗎？孫君有種說了。但孫君又把責任推給「數千年封建專制和獨裁統治的強大慣性」。責任未免推的太遠了。我知道以目前大陸現狀，孫君似乎也不敢說的太白、太直接，按此和王學忠比較，王確實是「戰士型詩人」。

王學忠以詩爲劍爲口，不留情面的批判社會的黑暗面及人性的沉淪，爲廣大悲苦的勞動人民吶喊不平，我認爲就是一種強而有力的喚醒。對眾生而言是仁是善，面對黑暗（用一生的青春、生命）是勇，真（真誠、真相、光明）使他產生強大動力。

五、汪樹東也說中了我的「病」（註一〇）

汪樹東在「對王學忠近年詩歌的閱讀與思考」一文，把「王學忠現象」稱爲一個「事件」，古今以來未之有也。他說：「在中國當前詩壇上，河南安陽詩人王學忠的詩歌活動與詩歌是一個意義深遠的事件。」像是史家說「九一八事件」的深遠影響。那麼，「王學忠現象」必能促使改革開放過程中，更多人更深入思考王學忠的「詩諫」。

汪樹東也指出王詩的問題，恰好那也正是我的「病」（參閱「從劉焦智到王學忠：爲《太陽不會流淚》找一個合理的解釋」一文）。汪這麼說：（註一一）

> 讀王學忠的詩歌，讓我們就像看到一位中國農民在侍弄他的幾畝土地一樣，他的眼光總是盯在如此現實的世界上。總是把目光定位於這樣現實的世界，很容易給人造成一種假象；似乎這個世界就是如此，而且只能如此的。難道我們這個世界真的就是這麼物質他、功利化，這麼是非分明、善惡判然？

我向來以「生長在台灣的中國人爲榮」，對台獨思維的人當然不能容忍，又不能把他們全都「消滅」掉，在我很多著作充滿著「反台獨」思維，對台獨份子也就深惡痛絕，我對台灣失望極了，認爲只有戰爭（中國發動統一之戰）才能永久解決台獨問題。我產生了悲觀情緒，我是不是病了?汪樹東更恐怖的說：

如果我們只能站在現實世界中，對現實世界的種種念念不忘，表面上看似我們對不公正的世界批判，是對公道的呼籲，而實質上很可能是以另一種方式對現實世界的認同，很可能是被現實世界以一種奇異的方式毒害者。

若然，我每天批判、詛咒台獨，無形中可能也被台獨毒害者。而王學忠也被圍在他四周的黑暗勢力毒害者，我深刻的讀著王學忠的詩，又被王詩毒害著（產生負面情緒）！我和王學忠要如何脫困？如何不被毒害？汪樹東有高明的妙藥：

以一種超越性的精神面對現實世界……我們也可能看到人性的光輝與偉大……若沒有精神的轉變，把無恥的暴富者打倒，下崗工人掌握了財富，也會像暴富者一樣無恥；若沒有精神的轉變，把驕奢淫逸的統治者打倒，掌了權的底層民眾也會像統治者一樣驕奢淫逸。詩人切不可希望煽動仇恨……

也就是說，「若沒有精神的轉變」，就像王學忠、劉焦智和我，每日揮舞正義之劍，若有機會掌握大權成爲統治者的一員，也同樣驕奢淫逸、貪污腐敗。汪之言是大大的警惕，但我讀出弦外之音，當年共產黨不擇手段抹黑國民黨，打倒國民黨；取得政權更黑更專更腐化，國民黨可以容忍多黨，受一點制約，共產黨以一黨集中權力，腐化乃是必然。現在共產黨正從制度的改革，進行「防腐」工程。假如共產黨能找到一種方法，以一黨執政而能不集權不腐敗，又有民主之實，這將是廿一世紀世界級的大發明，我稱之「中國式民主政治」。（註一二）

六、梁笑梅談錢財與權力（註一三）

梁笑梅解讀王學忠詩，以「我嫉妒」、「你們這些人」、「誰也不比誰尿得高」等詩爲例，「他似乎是把小群體的不幸貧窮歸咎於他人的財富和權力，甚至把財富和權力當作罪惡的源頭，這樣是不公平的，其實財富不一定是淫惡……」這是平衡之論，幸好只「似乎是」。但若王學忠像顏回（孔子弟子、尊爲復聖），他的詩是否能掀起一些浪潮，引起詩壇這麼多反思？

七、張黔「王學忠與白居易詩歌藝之比較」（註一四）

張黔在「惟歌生民病．但爲百姓言」中，這標題已經給王學忠很高的定位與評價，他把王學忠和白居易按三個標準點比較：

△人生理想：

白：達則兼濟天下、窮則獨善其身。

王：窮亦兼濟天下。

△審美理想：

白：願得天子知。

王：願爲百姓言。

△風格、境界：

白：溫柔敦厚，晚期溫柔得骨氣都沒了。

王：完全自由、縱橫馳騁、豁然開朗。（註一五）

結論：王學忠高於白居易，原因在王學忠文化底蘊不豐厚（似乎只讀小學五年、再查），而詩歌有今日成就，通過與白居易比較，王學忠傑出在：㈠與大眾毫無隔閡地融爲一體，身處窮困卻能以代老百姓立言的方式來實現其「兼濟天下」之夢；㈡說的話是老百姓想說的，抒的情是老百姓想發洩的；按老百姓說話的方式說話，說老百姓都能聽懂的話。

張黔之論我甚有同感，也能認同。回憶我自己胡亂塗鴉寫詩讀詩亦有四十年，早年曾跟從瞎摸，讀些所謂「橫的移植」及一些蔴澀朦朧之作，越讀越反感，便棄之如破鞋。之後才領悟寫詩是叫人懂的，讓人都看不懂豈不白做工乎？

但張黔之說還有變數，一者尚待時間檢證，三五十年後王白兩家誰高誰次會有定論；再者王學忠還年青，未來可能還有另一番作爲。人在不同年齡層的作品差異很大，白居易到晚年作品是走下坡的，王學忠會嗎？

八、鄭玉明和晏杰雄也談王學忠的批判精神（註一六）

《王集》有不少詩評家提到王詩的批判精神，如鄭玉明「對平民堅忍精神的禮贊」及晏杰雄「文學精神照亮詩歌」二文。

就嚴謹、正確的批判意涵，有系統的批判思想、批判理論，在中國文化中向來缺少。

我們只要略看九流十家（儒、墨、道、法、名、陰陽、縱橫、雜、農、小說），幾千年來那一家在談「批判」，頂多只能是「批評」。

是故，批判思想是外來的，西方民主思想傳到中國才有的。西方的批判思想也有流派，而以二十世紀初流行於德國的「法蘭克福學派」（Frankfurt School）爲正宗，他們自稱「社會批判理論」（The Critical Theory of Society），或逕稱「批判理論」（Critical Theory）。約在一九三〇年代，霍克海默（Max Horkheimer）是這種理論的建構者，以及阿多諾（T. Adorno）、馬庫色（H. Marcuse）等也都傑出。

批判理論的目標是要引發社會變遷，以改變現狀。爲此，只有對現存的社會制度進行有效而不斷的批判與否定，促使其轉化，才能邁向更合理的社會。尼采曾說：「偉大的真理是供人批判的，而不是供人膜拜的。」（註一七）我在前面說錢志富「膜拜」王學忠奇迹，是過了頭，何況王學忠詩歌並未達到「偉大的真理」之境界。若王學忠達到聖、佛的境界，我亦要去膜拜！

再談批判，鄭玉明說「王學忠先生對官僚腐敗的諷刺批判僅僅停留在樸素的道德倫理評判上，沒有上升到對政治體制的思考，沒有上升到對人性異化進行批判反思的高度……」，這是對王學忠詩歌現象最正確公平的評斷。王學忠也沒有企圖想以他的詩歌引發社會變遷，進而改變現狀，至於對政治體制的思考，恐怕現在的大陸環境不宜，王學忠現象就只能彰顯於詩界文壇了！

九、不能一直懷念「國企媽媽」，她必然要走！

古今中外所有的國營企業都難以維持長久，從秦始皇到王安石變法失敗，到英國柴契爾夫人的改革都一個道理，民營化才能可長可久。所以，大陸改革開放走「社會主義市場經濟」之路，使部份國（公）營企業民營化，是一條正確的路。但王學忠一直很懷念「國企媽媽」，幾乎在每一本詩集裡都有這種「崇古心理」，這當然是改革過程出現太多問題，到底這位「國企媽媽」多美好！

曾經讓世界傾倒
甘甜的乳汁
若黃河水滔滔
湧流的是歌是笑

不！那時的我
或許還小
是非曲直
天高地厚不知曉
光知道伸著手要
躺在懷裡撒嬌
欲望不能滿足時
甚至坐在地上
蹭掉腳上的鞋又哭又鬧
直到離開媽媽懷抱
流落街頭
淚痕、傷痕一道道
才知道，這世界

原來冷酷的不得了
于是，禁不住唱道
「世上只有媽媽好
沒媽的孩子像根草」
浪跡天涯無依靠

就是不談大陸改革出現的問題，真實世界的現狀中，孩子也遲早要離開媽，獨立去打拼；若孩子始終離不開媽，這孩子鐵定大大的有「問題」，所以王學忠不能一直懷念國企媽媽。就詩藝言，這詩寫的感人、感動、感傷，感染力十足，沒有深刻的生活體驗寫不出來。從另一面看，這是王學忠的「得」，如果今天他仍在國企媽媽懷裡，他對社會底層有這麼深刻的觀察嗎？能寫出這麼多好詩嗎？大概和我一樣只算個「玩詩」的人。如今，何來「王學忠現象」？這是另一種「失」，中國詩壇的損失。

「民營化」雖是一條國家發展過程中，必走且是「正確」的路，但也是一條不得已的路。因爲過程中導至腐敗、貪婪的現象幾可說也是必然，試想巨大的財富（王學忠詩裡的金山銀山）就要釋放出來，有如恐龍復活，人性這隻小獸那裡擋得住，有權力有機會的人必然要大把大把的撈，全世界所有國家的民營化過程都如此，五十步百步之差而已。過程中，那些「工農兵」及廣大勞苦大眾，必然是受害者，「兵」有槍桿子受害較少，農有土地次之，工人最慘，一無所有！王學忠在這種改革過程，成為最不幸的那群人！

也只能用孟子的話來鼓勵王學忠，「天將降大任於斯人也，必先苦其心志……」是故，王學忠成為下崗工人，還真是天意，也的天命是要成為一位詩人，平民詩人，廣大人民群眾的代言人。

一〇、謝輝煌的觀點很客觀（註一八）

謝輝煌先生和我同是「三月詩會」會員，他又是創會的元老之一（關於三月詩會見註一八）。我們每月要雅聚一次，對謝先生詩品、詩評的功力較清楚。

謝先生在《王集》這篇「太陽不會流淚」讀後的短評中，對「啊，我的祖國」、「因為我是詩人」、「國企媽媽」肯定最多，其他各家也很多賞評這三首詩，這三首可謂王詩經典，放在當代中國詩壇比較，我以為還夠得上是「名牌」。

我要談的是謝先生解王詩（也是回應王學忠），關於政治與社會發展出現的問題，我認爲講的很客觀。其一是貧窮和貧富差距的問題，古今中外沒有任何國家完全解決，富甲天下的美國仍有幾千萬窮人，餓死人的時有所聞；二者是中國要解脫貧困，要到二○三○年後（按李光耀說法），若依台灣經驗應是二○五○年較有可能；三者「桃花源」理想大家以爲很美，但肯定是貧窮社會，因爲沒有學校、產品外銷和觀光客。

對大陸現狀，或許套句台灣人常說的，「雖不滿意但可接受」。這樣的話或許太單純了，因爲大陸實在太大了，太複雜了！還是回到詩裡比較單純。

二、王存玉也談 GDP（註一九）

王存玉在「失語階層的吶喊」，《太陽不會流淚》的長文詩評，一開頭也談到中國的 GDP，似乎想對王詩的解讀增加一些「安慰」氣氛，至少也平衡一下，他提到「進入二○○六年，中國 GDP 排名已躍居世界第四位，讓國人自豪的是……」（註二○）但 GDP 代表什麼意義？內涵又如何？滿清末年中國的 GDP 超過英國、日本幾倍！結果又如何？（參閱「從劉焦智到王學忠」一文）。

王存玉對王學忠的詩，尤以幾首經典之作，「中國民工」、「有些事情不敢想」、

「因爲我是詩人」、「工人兄弟」、「城市拉煤工」、「一名代表太少」等，都有高度肯定論述和解析，都和我觀點同。我較注意的是，王存玉提到十六屆六中全會討論（二〇〇六年），改革開放二十八年後，「社會公平」開始取代「讓一部分人先富起來」的新政策。可以預見十年八年後，中國的貧富差距必定有顯著的改善，我們只能樂觀以待。相同的觀點，另一位周達斌在讀王學忠近作詩三首也談到市場經濟，認爲黨和國家領導人已看到這些問題，並且採取了措施。（註二一）

二二、丁慨然、王耀東、林童、熊光明、羅文軍：商榷與激賞（註二二）

以一個小學只讀了五年的人，能寫出這麼多的好詩（應有三千多首以上了），引起當代中國詩壇這麼巨大的回響，許多作品深深震撼無數的人心，唯一能解釋的，就是「天份」二字，天生就是個詩人的料子。但是以他面臨的困境，還能把生命獻給詩壇，只爲將廣大勞苦人民的心事，以詩歌形式彰顯出來，這便須要堅定的毅力加上對國家民族有深切的使命感。否則那裡辦得到？

《王集》第二輯「諸子如是說」，絕大多對王詩及其人（詩品、人品），都有高度評價，可以一言說之，謂王學忠在當代中國詩壇「今子褒然爲舉首」。惟下列我有不同看法。

丁概然從馬恩毛共產主義思維定位王學忠，這種史觀根本上是錯的，他認爲王學忠「實實在在，樹立了一位毛澤東文藝思想武裝起來的社會主義的詩人……」。（我在「論王學忠是不是無產階級詩人？」一文已談過這問題，不再贅述。）另一個問題，丁概然也說「中國共產黨領導下戰鬥過的工人階級，毛澤東思想哺育起來的工人群眾，是有覺悟的……」凡此都和人類社會發展史之事實不合，和人性本質面也是不合的。若真要論「覺悟性」，可能只有資本主義才能讓人產生完全之覺悟性，因爲資本主義使人回到「原始叢林」，把倫理道德也全面解放；而共產主義乃至社會主義，對人的「覺悟性」，基本上是要約束的，甚至要「制壓」的。丁概然的問題太多，再寫下去沒完沒了！

王耀東把王學忠定位成鄉土詩人，並非適宜，我認爲鄉土詩人沒有像王學忠那樣的震撼力。王詩有強大的感染力，可以和廣大的人民群眾產生共鳴，中國歷史上有那位鄉土詩人能釋放這麼強大的能量？

林童認爲「想要成為代言人的，不是得了自大症與虛妄症，就是患了自欺症和謊言症。」這說的很重，他希望王學忠不要承擔這種道義（擔不起），這樣的寫作也是可疑的。我的看法，成爲代言人是廣大的讀者群和歷史（時間）決定的，並非詩人自己可說定。

熊光明說「我認為王學忠同志是廿一世紀中國第一個無產階級詩人。」這種說法的問題和矛盾太大了。只有完全共產主義化的國家制度，才有所謂的無產階級，中國改革開放幾十年，早揚棄了共產主義，相當程度的認同了私有財產制，何來無產階級？現在窮農夫至少有隻牛吧！擺地攤的下崗工人也有一部破腳踏車，這些現在都是私有財產，而在毛澤東時代農夫的牛都是公共財產。是故，王學忠現在不是無產階級，怎能叫「無產階級詩人」？廿一世紀的中國，大概只有乞丐、流浪漢是真正的無產階級！

羅文軍提到（其他評論者也論及），「王學忠的創作不能只限于常態主題的表現，他必須要避免過多的重覆，而且要在語言上去再次注意直露與含蓄的問題。」我以爲說重了「要害」，王學忠還年青吧！總不能一輩子都在寫下層民眾的苦難，再過十年，中國民工還有這麼多的苦難嗎？

二三、一個王學忠詩作掀起千層浪萬波潮（註二三）

他掀起的浪潮，注定會在大歷史中持續迴盪下去，在本世紀，在下、在下個世紀，只要中國人民是醒的。

《王集》一書中的當代詩評家，個個把眼睛睜的大大，寫王學忠、評王學忠。寒山石引屈原、杜甫在人民心中的地位，稱王學忠是一個充滿著悲憫情懷的詩人；馮楚對當代詩壇很悲觀，他說「在當今的世界任何一個角落，詩人完全成了一些孤魂野鬼，或麻醉瘋子……」惟對王學忠他說「是什麼讓我對王學忠的詩歌充滿敬意？是他詩歌牌坊後面的妻子……王學忠和他的妻子，在這物化的淪落時代，向我們走來，構成了一個詩人站立生活的人的姿態。」我也確實敬佩王學忠的妻子（見「英兒看王學忠」一文）。

更多的評論者從王詩的特質、意識、批判精神等深入剖析，進而論述王詩不足之處。查干認為王詩不能把它只看作詩來讀，我看亦如是，我讀王學忠的詩作，自始自終不完全當詩來讀，我也從大歷史、大社會、政治發展的層面去理解王詩，他的詩和國家、民族、社會、人民，是緊緊地結合的。這是王學忠在我心中成爲可敬詩人的原因（主因），吸引我寫這本書的原因。

《王集》的域外之聲，大多點到為止，畢竟「老外」嘛！老是在外，對我國文化，尤其文學詩歌，不可能如吾國評論家那般深入剖解。我以為，生活在不同的世界，能寫得出來已是難能可貴。

註釋：

註一：各家小檔案，均參閱吳投文、錢志富主編，《王學忠詩歌現象評論集》（A Collection of Criticisms on the phenomenon of Wang Xuezhong's poems），北京，北京藝術與科學電子出版社，二〇〇年十一月。

註二：同註一。

註三：同註一。

註四：同註一。

註五：同註一，頁五。

註六：同註一，頁十七。

註七：吳投文，文學博士，湖南省作家協會會員。著有詩集《土地的家譜》，現任教湖南科技大學人文學院中文系，副教授、系主任。

註八：錢志富，詩人、詩評家，文學博士，寧波大學外語學院副教授，碩士生導師。著作有《掌心似海》詩集等多種。

註九：孫德喜，江蘇淮安人。文學博士，揚州大學文學院副教授，主要研究當代中國文學，著作甚多。

註一〇：汪樹東，哈爾濱師範大學中文系副教授、文學博士，著有《中國現代文學中的自然精神研究》等書。

註一一：有關汪樹東的引文，均見《王集》，「對王學忠近年詩歌的閱讀與思考」一文。

註一二：陳福成，《找尋理想國：中國式民主政治研究要綱》（台北：文史哲出版社，二〇一一年二月）。

註一三：梁笑梅，詩評家、文學博士，西南師範大學中國新詩研究所碩士生導師。著作有《壯麗的歌者：余光中詩藝研究》、《九論文曉村》。

註一四：張黔，湖南湘潭人，哲學博士，武漢理工大學藝術與設計學院教授，發表論文甚多。

註一五：詳解見註一書，頁八七—九五。

註一六：鄭玉明，詩評家、文學博士，浙江工業大學人文學院碩士研究生導師。晏杰雄，蘭州大學文學院中國現當代文學專業博士生，湖南省作家協會會員、中國詩歌協會會員。

註一七：關於批判理論，趣者可自行參閱：黃瑞祺編著，《批判理論與現代社會》（台北：巨流圖書公司，民國七十四年二月，第一版），相關人名可參閱本書。

註一八：謝輝煌，民國二十年出生，江西安福縣人。台灣著名詩人，目前筆者與他同是「三月詩會」會員，有關謝輝煌的文學創作及「三月詩會」現況，可參考：陳福成，《三月詩會研究：春秋大業十八年》（台北：文史哲出版社，二〇一〇年十二月），各章。

註一九：王存玉，詩人、詩評家，山東濰坊日報文藝部主任，出版有詩集多種。

註二〇：同註一，頁二〇七。

註二一：該文在註一書，頁二二八—二三四。周達斌，詩歌評論家，湖北襄樊師院中文系教授，出版有專書多部。

註二二：丁慨然，詩人、詩評家。《新國風》詩刊主編、曾出版詩集《太陽魂》、詩評《慨然詩論》等多部。

王耀東，詩人、詩評家。《大風箏》詩刊主編，曾出版詩集《不流淚的土地》、詩論《一步之間》等十餘種。

林童，詩人、評論家。《時代作家》主編，曾出版詩集「美之殤」、評論《文化詩學：第三條道路》等多部。

熊光明，詩人、評論家，曾出版作品《園丁集》、《文學論集》等多部。

羅文軍，詩人、詩評家，現執教於四川西華師範大學文學院。

本文引用以上各家論述，均見《王集》，第二輯，不再贅註。

註二五：寒山石，詩人、詩評家。著作有《短笛輕吹》、《滴水藏海》等多部。

馮楚，自由詩人、作家、書法家、思想者，得獎無數，著作多部。主持新浪網文化藝術讀書沙龍等論壇。

查干，詩人、作家，《民族文學》編審，著作有《愛的哈達》等多部。

賞讀「王學忠詩歌鑑賞」：看國家發展方向

對眾多台灣詩人而言，大陸著名詩人王學忠這名字應不陌生，尤其「葡萄園詩人群」多少知道他。在「葡」刊偶有他的作品，如第一七四期（二〇〇七夏季號），一首「我是枯藤上的烏鴉」首段，「我是枯藤上的烏鴉／捂不住的嘴巴／總愛說話」，十足的「王學忠式」工人詩人的風格，爲廣大工人群眾說話。「葡」刊第一八二期又有一篇「地火」後記的短文，類似的信念。

儘管我偶讀他的作品，但對他的長像怎樣！我於二〇〇九年十一月在重慶西南大學第三屆國際華文詩學會議，與他驚鴻一面之緣後，回到台灣兩個多月，我極力的想，就是想不起他的長像。無差，我讀的是他的作品，如現代人讀李白、杜甫或孔子作品，大可不必去想他們的長像如何吧！

「王學忠詩歌鑑賞」（Appreciating Wang Xuezhong's Poems），由楊虛編譯（北京：

中國廣播電視出版社，二〇〇八年三月一版。）這是他的第三本中英文對照選本，有各種風格的短詩五十八首。

我初略一翻，果然是大陣仗，有二十六位詩評家爲本書寫評，大多是中國當代重量級教授或博碩士導，並由屠岸、野曼提序。寫詩評如雷業洪、苗時雨、許來渠、劉忠、亢晉芳、鮑婷、吳投文、錢志富、葉建萍、子張、汪樹東、寒山石、王玉樹、潘頌德、申身、朱兆瑞、晏杰雄、梁山娟、胡懌、楊禕、周新顏、哈占元、朱長泉、周達斌、陳學祖、王志清、戴中潔、王輝。以上各家幾全是各大學人文領域教授，可謂陣容堅強。

但我近幾年來讀詩、賞詩或寫詩文論說等，與前面各家的評論方法、重點、解讀等，均大大的不同。我總是從國家發展方向或政治發展（Politicol Deuelopment）角度來析論之。就算讀浪漫詩人李白的「塞下曲」，「曉戰隨金鼓，宵眠抱玉鞍，願將腰下劍，直爲斬樓蘭。」，思緒便會追蹤當時的政治的環境，發生的戰爭，大唐與樓蘭處於何種關係?讀杜甫「春望」，「國破山河在……」心情思緒亦如是，更得回憶肅宗面臨那段險些亡國的政局，慶幸肅宗長子李俶與郭子儀借回紇兵收服兩京的歷史，思考其在國家安全與發展上的意義。這或許和我個人半生的專業背景（軍事、政治）有關，我不認爲世上有「純」文學這東西存在，一切文學藝術與國家民族、政治環境、人民生活等，是一體而多面向的。

詩人是人類當中，最純淨、真誠、誠實的人種，古今中外的詩人（真正的，假的不算），必在他的某些作品中，流露詩人對當時政治環境或國家發展方向，某種悲喜、肯定、反對或批判。這本「王學忠詩歌鑒賞」詩集亦然，而有三首之論述最強烈，批判力道也夠，本文逐一賞析解讀。第一首「我的安全誰保障」：

人群熙熙攘攘／雲烟繚繞，太陽懶洋洋／「謹防扒手」／貼滿大街小巷／車站、碼頭、商場／陰暗裡的眸子賊亮賊亮

邪惡的目光／盯著都市的繁華／節日的霓裳／老人、幼兒、小伙兒、姑娘／每一張臉上／都是驚恐狀

驚悸驚駭驚慌／五千年文明古國／好似生了瘡／太平盛世／路不拾遺／好一個彌天大謊

自行車昨晚被盜／摩托車今晨遭搶／母親的婚戒／失竊在公共汽車上／道德淪喪的日子／好似獨行在虎狼出沒的山崗

覺不敢睡／心不能放／閉上眼／便覺得有人撬門窗／冷冷寒光／在

惡夢裡晃

太陽懶洋洋在天上／幾聲蟬鳴／悠悠傳來好淒涼／車匪、路霸、扒手／凶狂、瘋狂、猖狂／哎，我的安全誰保障……

這是一首六段三十六行的短詩，文學博士、哈爾濱師範大學中文系教授汪樹東賞評這首詩，稱有強烈的現實批判精神，直擊當前社會的弊病。但吾人深入思考詩人「眼」所見，止於「社會弊病」嗎？從詩中的「現象」判斷，讀者不覺得那是身處元朝末年或明末，那種兵慌馬亂、盜賊橫行的場景嗎？否則人民怎會「覺不敢睡／心不能放／閉上眼／便覺得有人撬門窗」、「車匪、路霸、扒手／凶狂、瘋狂、猖狂」，讓人民好似獨行在虎狼出沒的山崗。這是任何一個即將結束的朝代，才有的社會現狀，現在不正是「中國之崛起」嗎？怎就要結束了？一定有問題，那裡出了問題？國家、社會、人民、制度？或政治？或國家制度？

也許有人質疑，言重吧！不過是「盜匪嘛！」怎能「無限上綱」成「國家問題」呢？若是小小局部的「點」的現象，非普遍性現象，當然是「個案」，那質疑是合理的。但詩人說是「大街小巷／車站、碼頭、商場」都是，幾乎是普遍性現象，而且「五千年文明古國／好似生了瘡」。我肯定，詩人所表述的已是一種「普遍性現象」；若然，這個國家已不能保障人民的安全了。

國家存在的目的之一是保障人民安全，但何種類型的國家最能保障人民的安全？打開每一本政治學，眾家說法不一而足。但肯定古今以來有三種型態的國家，最能保障人民的安全，德化（如我國堯舜）、神化（回教基本教義國）和公有化（共產主義國、柏拉圖理想國），只是在現代化的今天，這三種都很難被接受。以目前世界上接受度最多的三種國家型態，西方資本主義式民主政治、中國式民主政治（即中國式社會主義）和回教國家。這三種以社會主義對人民最有安全保障，資本主義社會最不安全。道理很簡單，只有社會主義最強調社會安全、公平和正義；而資本主義社會建立在進化論基礎上，視人類社會爲原始叢林，把「弱肉強食、適者生存」謬解成自由競爭，不擇手段掠奪資源，故人人不安，人人自危。

中國即標榜「中國式社會主義」，應最能保障人民安全，確保社會公平和正義。但詩人以詩問天「我的安全誰保障？」爲何道德淪喪？中國式社會主義是否已被進化怪獸「攻破」？而質變成「西方資本主義社會」。再讀「啊，我的祖國」：

大廈一座座／詳雲梟娜／廟宇、宮殿、樓閣／聲聲鴿哨飛過／若少女牽牽手撫摸／啊，我的祖國／太陽是鮮紅的郵戳

鮮紅的郵戳／盛宴一桌桌／美食美酒美色／醉熏熏的囈語／伴陣陣嘹亮的飽嗝／啊，我的祖國／萬紫千紅是朱門的綾羅

朱門的綾羅／楊柳般在春風中婆娑／搖曳的陰影裡／傳來幾聲顫抖的喘咳／佝僂的身子猶如田螺／啊，我的祖國／山腳下是陰森的溝壑

陰森的溝壑／冰凍的小河／抬望眼／廟宇、宮殿、樓閣／祥雲梟娜／啊，我的祖國／紛飛的雪花是片片思索

我也在疑惑，「啊，我的祖國，是否已質變成西方資本主義國？」否則，何來普遍性的沈淪墮落？這首詩的詩評人是陝西渭南檢委寒山石，他的原標題是「祖國，我爲你哭泣！」強烈的批判社會的腐敗墮落。（筆者註：某種「現象」是否被稱「腐敗或墮落」，與國家型態和社會制度有關，例如賣淫、性交易、「牛郎」服務等，在資本主義乃至西方民主政治制度，可視爲「商品」交易，不認爲是腐敗墮落行爲。但在回教社會、社會主義或儒家思想，視爲嚴重的沈淪、墮落，不可能被接受。）現在詩人當然從「中國式

社會主義」觀點，或更宏觀的，從中國文化的傳統倫理道德觀來進行「詩語言」的批判。

我先抄第三首「我憤怒」一詩，合併解讀，感受更深刻，疑惑就更多更有理了。

強烈的憤怒／迸發于心靈深處

我憤怒／市長大人的翩翩風度／剛抖落舊宮殿倒塌時的塵埃／又鉆進了新建造的王府／偌大的檀香爐／繚繞著徹夜不熄的迷霧

我憤怒／市長大人龍與鳳組合的家庭／魚蝦雞鴨只是桌上的盤中餐／扔進垃圾箱裡的是狗和兔的骨／輝煌壯麗的朱梁畫棟上／回蕩著「今天又是好日子」的樂譜

我憤怒／市長大人裹在西服裡的將軍肚／龍子是人事局局長／鳳女是小城的首富／一群龍子鳳女的娃娃們／分別就讀于牛津、劍橋、哈佛……

我憤怒／市長大人每日裡總是忙忙碌碌／飛馳的轎車出了進，進了出／適才裝進腰包的是薪俸／這會兒鎖進抽屜的是賄賂／哎，最美的還是小蜜床上那回回媚嫵我憤怒／不！應該說我控訴／市長大人／強暴了他的國家和民族……

這首詩的賞品者是梁小娟，文學碩士、湖南科技大學中文系講師，稱這首詩是現代的「官場現形記」，我認爲並未解出這首詩的「嚴重性」。官場現形古今中外皆同，唯操弄手法和貪腐程度不同，王學忠這首「我憤怒」的張力，讓人感受到「中國式社會主義制度」下的官場，是否已淪落成資本主義的大叢林，有能力掠奪的物種，都能不顧一切任意吃喝，大撈一票。

爲什麼說要把「啊，我的祖國」和「我憤怒」，二首詩合併解讀？「啊，我的祖國」寫的是社會面（未掌公權力者）的沈淪墮落，「我憤怒」是官場（掌公權力者）的貪污腐敗。政治學中有許多研究顯示，在整個大社會中，上層結構的貪污腐化和中層的沈淪墮落，存在著「結構性關係」，不能割離分析，而上層結構更有「帶頭作用」。事實上，我並不痛恨貪污這種事，因爲吾人研究過古今中外各種政治制度，沒有任何政治制度（含法律），能杜絕貪污這種事。換言之，有人的地方（或有權力、組織之形成），就有這種事。我肯定，現在月球和火星上沒有貪污，沒有沈淪墮落——到有人類移民爲止。

但我在乎的，是官場貪污、官官相互等現象，是否已成這個國家的「普遍性現象」？若是，這才是嚴重，才是末日，才是亡國亡種的前夕（如清末）。我讀王學忠這本詩集不少類似的詩，反覆思考著，詩人筆下那塊黑暗，到底是「個案」，還是「普遍性現象」？政治學中（西方的）另有一句名言：「權力使人腐化，絕對的權力使人絕對腐化。」有人甚至當成「理論」或「定律」。由此而類推，說中國一黨執政不民主（西方社會都持此看法，中國人則部份有。）何謂「民主」？可看筆者有關政治研究專書，此處不論。但筆者仍要解說與詩作內容有關係的問題，即貪污腐化和權力集中程度，沒有必然關係。號稱很民主（合乎民主政治規則，各級首長、議員都民選），反而是貪污最嚴重（如菲律賓等第三世界，美國不過百步五十步之差）的地方；權力很集中的政權（朝代），一黨執政者，反而上者清廉，下者少有貪污事件，如中國在唐太宗時代，大陸的毛澤東和台灣兩蔣時代，實例很多，政治理論均無從解釋。打著「民主、清廉」的「陳水扁僞政權」卻是世界級大貪官、大貪污集團，原來台獨是搞假的，貪污搞錢才是真的，政治理論又如何解釋？

這本詩集多數是爲中國人民而寫，更有意無意間，引導讀者思考國家發展方向、政治制度和社會制度，如「中國民工」、「國企媽媽」等，不能多做解說。但那疑惑還在，啊！祖國，你走的什麼路？是中國式社會主義？或西方資本主義？是西方民主抑或中國式民主？給詩人一個答案吧！（二〇一〇年二月初草於台北萬盛草堂 陳福成）

小記：本文發表於「葡萄園」詩刊，第一八七期（二〇一〇年八月十五日），詩題「社會主義國家發展方向何處去？」小標題「賞讀《王學忠詩歌鑒賞》書中的三首詩」，今修改成本文詩題。

《地火》是一把會燎原的詩火

地火，潛藏於地底，如同人之心火、民心，隱匿於人人不可測之心海深層；而有些特別的時空環境，甚至於「群眾銷聲舉世眠」，這是何種環境？一點「知覺」的人都還記得，不久前海峽兩岸都如此。

但地火、民心之火，不會永遠深藏，遲早要冒出來，但就算冒出來，許多人未必看懂「火源」緣由，而以爲是「鬼火」或森林失火；有人只看懂皮毛，妄下判斷說是邪魔歪道放火；更有甚者，當成「敵火」，拼命的加以「消滅、鎮壓」，卻使火勢更加燎原，失控，不可收拾，終於燒掉了大位、龍椅，燒掉了天下……

王學忠這本三輯近百首的《地火》詩集，讀起來像在解讀各類火源性質，如消防隊員一定要弄清楚一樣的火勢，但形成原因（雷電、乾材、油、化學物等）不同，要用不同的解藥和方法。書中的每一首詩，都是一把火，大火、小火、星星之火、溫火、烈火、警告反省之火；有的表面看不到火，在內裡悶燒著，不知何時爆出火花？有尚處在「火種」狀態，不小心也會引火……

「地火」意象是什流？是否可能轉化成聖火？

「地火」這首十七行的短詩，做爲《地火》詩集書名，當然有重要意義和代表性，各家都有詮釋。涂途在「從生活底層踏上精神高地」序認爲，地火可轉化和提升爲聖火，它將傳遞到天南地北、五洲四海。（註一）到底可否？先讀這首「地火」。

沖破黑暗的棺槨
和沉重的壓迫
荒原上飛出一團火

一團自由，快樂的火
奔跑著，飛翔著
野草、枯葉、藤蔓

也奔跑著，飛翔著
一路燃燒，唱歌

歌聲走過的地方
悲哀、煩惱、寂寞
跳躍著化作了火
冷酷、腐敗、污濁
哽咽著也化作了火

歌聲映紅了雲朵
沙沙沙是風雪在唱歌
隆隆隆是春雷在唱歌
唱著黑暗與壓迫的挽歌……

這首詩十足的「王學忠風格」，意象創新，行文如流雲自然，段與段之間緊密連結，押韻是王詩的特色，如「稕、迫、火、著、寞、濁、朵、歌」，使詩的朗讀有音樂性，不論任何人朗讀都易於展演詩的美感和張力。

從詩的內涵和意象彰顯的意義看，充滿著感染力道，若編成歌來唱，可以對群眾產生「領導」效應，所以幾乎可以當成一首「革命之歌」頌揚。對於我這習慣從政治學、社會學角度思考的人，這首詩使我最直接引起的感覺，是古今中外那一場場大型的群眾政治或社會運動，一開始人群從各角落慢慢蝟集，唱著歌或拿著火把，人越集越多，向某一廣場集中……讀者們你讀這首詩，是否這樣的景像在心中映動著。

第一段荒原上飛出一團火，「一團自由、快樂的火」所有的人都嚮往的、追求的，這種信念的人們奔跑著，「野草、枯葉、藤蔓／也奔走著，飛翔著／一路燃燒，唱歌」，這說群眾運動規模越來越大，那些有業無業困苦的人民（野草枯葉藤蔓），都加入了群眾示威行列……歌聲走過的地方都燒起了「革命之火」。

走到末段「沙沙沙、隆隆隆」是一股震天的力量，足以終結所有的不法政權（包含貪污腐敗政權、篡竊政權、地方割據政權）。如果要找一個現代實例說明，那麼二〇〇〇年開始台灣地區所出現的「陳水扁偽政權」時期，從「319槍擊作弊案」篡竊大位，到〇八年台獨終結垮台，此期間含紅衫軍在內的群眾運動，那種場景都吻合「地火」意象。

但「地火」一詩從頭到尾沒有「革命」、「群眾」等字詞出現，這是王詩高明與動人的地方，這是一首「革命之歌」，也是「人民之歌」，惟「人民詩人」方寫得出來。

但涂途在序文中把「地火」一詩，比同「國際歌」，那是「馬恩史列毛」共產主義時代，爲打倒全球資本主義政權，爲發動世界革命，爲解放全世界苦難的人們，爲建立無產階級政權，爲消滅各國各族的民族主義，所使用的一首宣傳流行歌。詩集三位寫序的名家（涂途、賀紹俊），都從馬恩史列毛共產主義的思維邏輯解「地火」及《地火》全書，這是我不能認同的，試問：現在的中國還在搞共產主義嗎？若是，何必復興中華文化？應該積極再幹「打倒孔家店」才對！還有中國在一九四九年已解放了，現在還要再解放一次嗎？

如果「地火」燒成「革命之歌」或「人民之歌」，就是「聖火」；如果燒成「國際歌」，要回頭搞共產主義，

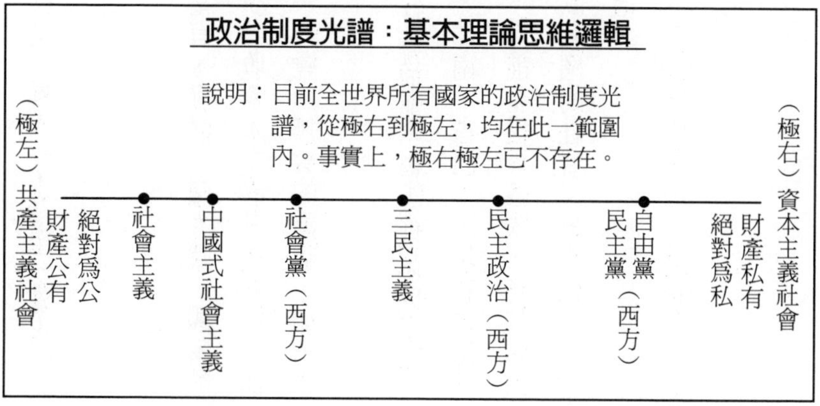

頌揚馬恩史列毛，要「去中國他」、要「打倒孔家店」，那就是「鬼火」，乃至「魔火」。

共產主義和資本主義

這世界真詭異！人類這種動物也很矛盾！大家都想要富有、發財、賺大錢，國家社會想要繁榮富裕、創造經濟奇蹟，就得搞資本主義，或至少吸收資本主義某些制度。如此一來，就會出現許多罪惡，如貪污、腐化、形成「M型」社會，無數的黑暗，如王學忠詩所批判的無數的罪惡……

那麼，搞共產主義好了，理論上這是人類社會最理想的社會型態，但太理想成了「死路」。三十年前地球上僅存的四個共產國家（中國、北韓、越南、古巴），現在全部結束了，包括北韓在內都把「共產主義」這東東放回冷凍庫。目前全世界各國、各地區政治制度，依光譜區位，大致如表所示，西方民主政治和北歐各國的社會主義應已定型，其他都尚在實驗中，包含中國式社會主義（中國式民主政治）。

《地火》詩集有不少對政治制度的反省、警示，而以下二首爲代表，一首詩資本主義、一首提醒共產黨。先讀第一首：

改罷「私制」回頭看：讀熊炬《私有制是萬惡之源》

「私有制是萬惡之源」
似乎老調重談
卻是實實在在的經典
「改制」「改制」「改制」
改罷「私制」回頭看
公有化私有怨聲一片
卑鄙、狡詐、野蠻
大吃小血淋淋
強凌弱淒慘慘
天堂地獄兩重天
資本主義「高速車」
中國搭上了末班……

中國搭的並非資本主義末班車，還有北韓，但北韓走的應是像中國這種「中國式社會主義」，他們加些自己的料則稱「朝鮮式社會主義」。

我一輩子都在研究政治學、政治思想、人類歷史等知識，從最早西方古代城邦與奴隸制度、中古神權政治到近代民主政治；中國夏商以前的部落聯盟政治、周朝從「聯邦」、「邦聯」到解體的過程、秦以後的專制、民國以來的共產主義和三民主義對決……我似乎看到一個總結論：在人類各種社會中，那裡不是「**卑鄙、狡詐、野蠻／大吃小血淋淋／強凌弱淒慘慘**」？那裡沒有？是毛澤東時代的「人民公社」還是柏拉圖的「理想國」？每個時代、每個地方，皆如是，不同程度而已。

全世界所有政黨初成立時，都充滿著理想性（一種政治神話），包含西方推行民主政治的各類政黨，二十世紀走共產主義的各國共產黨，都得到無數人民的信仰。但日子久了，免不了腐化、惡化，這原本也是自然現象，如同東西用久了會壞，只是人民都希望當下是好用的，盡可能維持可長可久的「理想性」，合於人民的需要。

中國共產黨因「特別的歷史時空關係」，必須以一黨承擔廿一世紀中國的繁榮、富強、發展使命；承擔社會和諧、安定、安康使命；承擔完成兩岸和平統一使命；承擔在國際上面對一切競爭、挑戰使命……我們須要一個「健康、明朗、中國」的共產黨，但從建黨至今也快百歲了，百歲還行嗎？王學忠用一首詩警示：

誰讓咱是共產黨

山裡的樹
站著或倒下都是脊梁
山裡的人
身子板生下來就硬朗
劈山、鑿石
手抬、肩扛
開一條致富路在腳下
叫那流淚的山溝溝笑語飄蕩
老百姓是爹
老百姓是娘
爹娘的冷暖痛癢
時刻掛心上

——誰讓咱是共產黨

山裡的石頭
風吹雨淋不改模樣
山裡的人
做民做官都孝敬爹娘
春夏秋冬
峰巒疊嶂
愛是一條幸福路在腳下
把那貧窮的山溝溝變成天堂

老百姓是爹
老百姓是娘
爹娘的冷暖痛癢
時刻掛心上

——誰讓咱是共產黨

九十歲的共產黨和百多歲的國民黨，要它們保持當初建黨的理想性，真的是很難很難的事，就像九十歲的老男人要和二十歲的小姐，重燃愛情之火，並非不可能，只是「強人所難」了。

但世事極詭異，說不可能亦有可能，說應該的就會變成不應該；而反之，亦然。西方的黨、東方的黨、台灣的黨……都在高唱「民主」，說「人民才是主人」，說老百姓是爹娘，這就是天下所有政黨的「青春不老藥」；任何政黨黨員只要好好服用這款「仙藥」，別說百年，就是千年也能保持理想性，青春永不老，與所有中國共產黨黨員共勉之，這是我這位老國民黨員的良心話。

小心！星星之火溫溫的燒著

《地火》詩集是一把火，每一首詩都是不同火勢，以不同方式、不同程度燒著。舉兩首溫溫之火讀之。

把淚揩乾
不！收起來埋在心底
讓思想的陽光哺育
便會轉化的

化作廣場的吶喊
刀尖上的光
沖破恐怖的夜
燃燒在黎明的火……

「淚，會轉化的」

這首詩隱涵飽滿的民怨，尚未爆發而可能瞬間爆發，若「化作廣場的吶喊」，就會形成群眾運動；火勢若未受到控制、疏理，則人民將要沖破黑夜，在黎明時燃起更大的火勢。這種火在世界各角落都有，當局若未善加處理，可能漫燒成「造反之火」、「革命之火」……

但若那些當官的，那些各級領導，那些人民的公僕，能深悟「老百姓是爹、老百姓是娘」，便什麼火也燒不起來，因沒有燒火的環境。

一根火柴丟在地上
殘損的軀體
和黑色的頭顱
引我許久遐想

火柴不是神話裡的英雄
然而，一根接一根繼續
總有一天
腳下會燃起沖天大火……

「一根火柴丟在地上」

「淚，會轉化的」和「一根火柴丟在地上」，兩首詩運用不同詞句和工具，但火的意象所要表述之內涵相同，同樣在警示「得民者昌、失民者亡」的道理。一根火柴丟在地上（一個或少數人民），統治者或許不管他，任其貧窮殘損，但一根接一根，一個接一個，有的燒火了，終會引起沖天大火，必能迫使統治階層重視民意，教訓各級領導「老百姓是爹，老百姓是娘」。

這本《地火》，詩人以一貫「平民詩人」的立場，站在人民這一邊，爲人民發聲吶喊；尤其爲勞苦的廣大工農等群眾述說心中的苦，批判貪腐，警示各級政府和黨，對國家發展方向提供反省反思的良心發言。如第三輯的詩，「巍巍一尊擎天柱：賀魏巍老師八十五壽辰」、「只因爲人民在心上：賀雁翼老師七十八壽辰」、「抒人民之情：賀賀振揚老師六十五華誕」等，都深深警示著建國之初，那份純純的愛，那叫人動容的理想性還在不在？

一面火樣的旗幟
嘩啦啦飄揚
伴著一位戰士的腳步聲
走過延河、黃河

炮火給飛的戰場
播撒著火樣的理想

火樣的理想
在風雨中獵獵飄揚
永不熄滅的是太陽
「雷鋒」、「王杰」
人民、革命
一卷卷時代的樂章……

「詩的旗幟：賀賀敬之老師八十壽辰」

這位賀敬之老師，是王學忠敬重的老師，山東嶧縣人，一九二四年生於貧農家庭。十三歲讀鄉村師範，一九四五年參加大型歌劇「白毛女」創作，一舉成名。一九六二年發表長詩「雷鋒之歌」，一九七九年任文化部副部長，著有詩集《賀敬之詩選》。「詩的旗幟」也是以火的意象，回憶早年火樣的理想，那些人民的榜樣「雷鋒、王杰」，都是理想的化身，而今何在？是否改革開放搞起了資本主義就失去理想？王學忠的作品不斷在碰觸這些「敏感問題」。

批判之怒火：還我河山

詩集中也頗多批判怒火，「你真的太讓人心寒」、「光拍手不行」、「什麼階級說什麼話」等均是，但火氣最大要算「還我河山」八段八十九行長詩。

詩前有題記，標示寫這首詩的背景，謂二〇〇八年第一期《瞭望新聞周刊》載文，貴州、雲南、遼寧等多個世界級大金礦，近年被當地一些利欲熏心的當權者，「拱手相送」給了外國資本家，名為合作，但股權都在外人手上。以貴州爛泥溝、遼寧貓嶺、雲南播卡三金礦為例，外資控股為85%、79%、90%，而此刻，世界金價正在瘋狂上漲，詩人怒批這是喪權辱國的新「馬關條約」。但全詩批判範圍很廣，讀其詩的第四段：

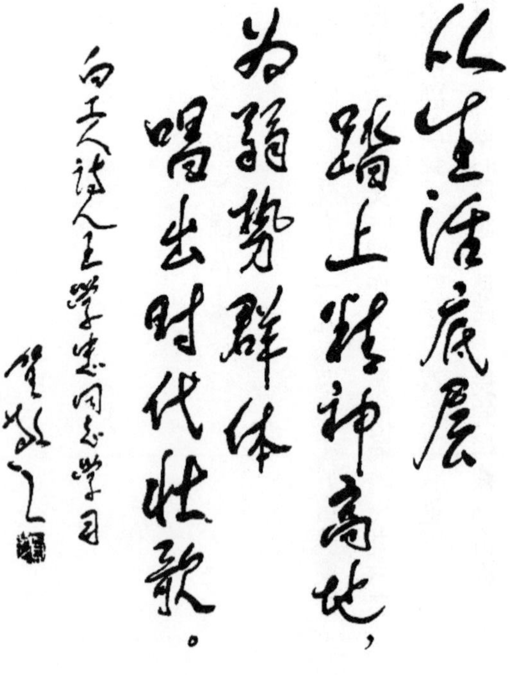

然而，無論如何
你不該將祖上傳下的財富
子孫的財富
拱手送給外族
簽下這讓家鄉父老恥辱的「馬關條約」
其實那一座座的寶藏
並非掛在樹上的蘋果
秋天到了
便一定要馬上採摘
遲了就會霉爛，脫落
唉，我的貪官呀
無論如何
你不該為了個人私欲
卑鄙到引狼入室，合伙搶奪……

「還我河山」第四段

我不知道貴州、遼寧、雲南省政府的領導們！還有中央各領導們以及各檢調單位、黨的檢查單位！是否知道此事？此等亡種亡國的事那能不知道？是否進行事後補救或改進？那些賣國者是否依法辦理？詩人這樣籲天，總該有回應，若無，中國詩壇應不斷寫、寫、寫，批批批，讓火一直燒燒燒……使火勢擴大，燒死那些貪官、賣國者，這首詩的末段：

有人説中國已搭上快車
有人説機遇難得
也有人説路走歪了一切都錯
我依然無話可説
只想告誡那些大權在握的人
任何時候不要賣國
並且，還要大吼一聲
「貪官，還我河山！」……

「還我河山」末段

讀王學忠的詩，大多時候都像讀文天祥「正氣歌」的感覺，總覺得邪不勝正，光明必定戰勝黑暗。但有時確是有些灰心，因爲近百餘年來與外族簽下各式「馬關條約」，把大好河山、國家利益拱手讓人的，似乎不止李鴻章、慈禧那幫永不超生的賣國賊，還多呢！中國人民這兩百年苦難還沒受完嗎？

一九四九年後，中國社會受傷太重太深，至今尚未回復成爲一個「正常的社會」，就是人類社會最純潔、最乾淨，且一向自命是「人類的良心」——詩人，這個社群至今也還甚多可議之處。王學忠在《地火》後記提到，有的詩人面對人民的苦難，背過臉去梗著個脖子吟風弄月、玩唯美、猜朦朧；有的則爲了迎合某種政治需要，與利益集團合污，顛倒黑白……不可思議的是，這些所謂的詩人，竟被戴上了「人民詩人」的桂冠，被鮮花簇擁著走上「魯迅文學獎」的領獎台，還當上了「人民代表」……

類似這樣的「假詩人」，真是代代有之，無處不在，台灣也多的是，台獨陣營有兩位大作家，吳念真和路寒袖，都用文學美化陳水扁的台獨集團，等到陳水扁等篡竊取得政權，他們的獲利真是吃不完、花不完，要啥有啥，我們這些把人民、正義放心頭的人，難到要氣死、要跳海、要跳樓嗎？

不！與王學忠共勉，與所有和中國人民站在一起的中國詩人共勉，絕不氣死、絕不跳海、絕不跳樓！我們把正義之火慢慢燒，延續的燒下去，這件事只有歷史是最後的裁判，未來的朝代自有定論，這是中國歷史運作的常規。

註　釋：

註一：涂途，本名涂武生，研究員。一九三四年生於湖北武穴市（原廣濟縣），莫斯科大學哲學系畢業，專攻美學。一九九一年任中國藝術研究院馬克斯主義文藝理論研究所所長，後爲中國解放區文學研究會顧問、中國作家協會會員等。

第二輯　王學忠詩歌劄記

進貨中的王學忠，取自《平民詩人王學忠》作品百家談

論王學忠是不是工人階級詩人？

我半生研究政治、軍事等問題，雖涵蓋全球性的國際政治、軍事與戰爭問題。但重點始終放在「中國問題」，從清末的改革與革命、民初西化和中體、接著是中國共產黨和國際共黨，以及近二十年的中國改革開放和「中國式社會主義」、「中國式民主政治」等問題。

或許「中國問題」是這兩百年來地球上的顯學，也或許我自己常以「生長在台灣的中國人」爲榮，當然對「自己的問題」要多用心。再者，中國人多地大物博，不論強、弱、衰、亡（指一個朝代的滅亡），都會牽動全世界的神經，必須好好研究，世界各大強國（或和中國有關係），其國內學術界必有一批所謂「中國問題專家」，專研究中國所有事務，提供給政府部門決策參考之用。

根據我的研究（判斷），中國大陸從一九七九年三月，鄧小平提出「中國特色的社會主義」，經三十年之改革開放努力；到二〇〇五年十月十九日，國務院又再發佈「中國式民主政治白皮書」，向全球宣告另一個中國式民主政治典範。（詳見余所著：《中國式民主政治研究要綱》一書，台北：文史哲出版社，二〇一一年二月。）

至此，我認爲中國大陸不論官方或民間，應已全面揚棄了「馬列主義毛思想」那套東西，因爲那些東西是完全「非中國的」，完全「去中國化」的。馬列毛思想對中國乃至對整個中華民族，其爲禍爲害之慘之深，遠遠超過台灣島上一小股敗家子搞的台獨運動。台獨爲害一個小島，而馬列爲禍全中國，傷害之深至今尚未復原。我相信大陸人民也嘗過了馬列的苦果，所以揚棄了馬列那些東西，才會回頭雍抱中華文化，擁抱孔孟思想。這是我的研究、判斷加上現地觀察，但我現在有些懷疑自己的歸納「結果」，這種疑惑來自一位中國大陸的詩人，精確的說，來自別人爲這位詩人寫評論（或序）時，顯現了這位「別人」的思想（一種意識型態），進而對詩人有了不正確的定位。

這位詩人就是王學忠，眾多評論中，有的稱王學忠是「工人詩人」，有稱「平民詩人」，但叫人疑惑的是稱王學忠是「工人階級詩人」。前兩種稱謂很「正常」，各國都有工人詩人、農民詩人、平民詩人……惟「工人階級詩人」稱號很「反常」，因爲在中國大陸稱「階級」有很特殊的意涵及歷史意義。

在魏巍（註一）替王學忠的《雄性石》詩集寫序時，強調「我聽到了我長期想聽到卻沒有聽到的聲音，階級弟兄的聲音……夠得上工人階級的戰士……」序的結論說：（註二）

> 當然作者要當一個名副其實的工人階級的詩人，還要更加提高階級自覺，還要更好地掌握馬克思列寧主義毛澤東思想，還要更好地理解工人階級的歷史使命，為工人階級的命運進行不屈不撓的鬥爭。

魏巍給王學忠寫這篇序，以「一個工人階級詩人的崛起」。都已經是怎樣的時代了！？怎樣的國際環境！？廿一世紀的中國了！爲什麼知識份子還在高唱「階級自覺」、「馬克斯列寧主義毛澤東思想」……難不成只要「去中華文化中國」，重回「馬列中國」死路嗎？

事實上，把王學忠說成「工人階級詩人」的，不止一個魏巍。王學忠的另一本詩集《太陽不會流淚》，也是魏巍的封面提定；熊元義（註三）在這本書提序，「工人詩人與工人階級的詩人」一文有弔詭之論述。

熊元義強調，王學忠是一個當前中國詩壇崛起的工人階級的詩人，但王學忠不是一個真正的中國工人階級詩人。（註四）注意！「工人階級的詩人」和「工人階級詩人」，二者只差一個「的」字，語意卻有天地之別。熊元義的本意認為，王學忠的詩雖體現了許多當代中國工人的感受，但並非全體工人的感受，這是將一部份人當作當代中國工人階級的主體了。言下之意，王學忠的「階級性」還不夠，還要加強。所以，熊元義又加強魏魏的結論說：

……掌握馬克斯列寧主義毛澤東思想……這的確是王學忠今後創作努力的方向。（註五）

把王學忠定位在這種「階級路線」，我認為（或任何生長在台灣的人的看法）是「謀殺」了詩人，是根本上的錯誤。「階級」在古今中外任何社會都是存有的，但在「馬恩史列毛」主義（思想）中，「階級」有很嚴慎之意涵、政策和制度的。這是我對「階級」敏感的原因。

馬恩史列毛思想所指的「階級」是一種深刻的階級意識，是一個階級思想心理形態的總稱。包括階級的思想、感情、意志、慾望等。階級成員須以本階級利益爲前提，同時自覺地結合同階級的人與不同階級（或敵對階級）對抗，這就形成了階級鬥爭。是故，階級、階級意識到階級鬥爭，是馬恩史列毛思想的基本理論，是建構人類社會歷史發展的基礎理論，並爲無產階級世界革命創建理論根據。

即然講究階級，必然把整個大社會區割成許多階級。例如，階級敵人、階級異己份子、無產階級等，最好的叫「紅五類」（工人、貧下中農、革命軍人、革命幹部、革命先烈子女），最壞的叫「黑五類」（地主、富農、反革命份子、壞份子、右派份子，一般簡稱『地富反壞右』，若加上走資派和牛鬼蛇神，則稱『黑七類』，加特務和知識份子則稱『黑九類』，知識份子稱『臭老九』，淵源於黑九類排名第九壞。）所有的「黑」字輩都是階級敵人，是階級異己份子。而無產階級乃相對於資產階級言，也是國家機器的完全掌控者，是謂「無產階級專政」，也是「階級路線」的製訂者，國家、社會的一切路線，必須合乎無產階級的利益，獲利最大、最多者，應是「紅五類」，因爲紅五類「又紅又專」。

按以上的階級區分，王學忠是「工人階級詩人」，他的身份屬性是「工人階級」，屬「紅五類」，而工人又是紅五類排名第一的頂層族群，所以王學忠現在應是這個頂層族群中「又紅又專」裡的「最紅最專者」。以這種身份還要去靠擺一個不足一平方米的小攤維持一家生計嗎？他不是各級領導要表揚的對像嗎？他不是廣大的人民群眾要學習的對像嗎？他應有享不完的「榮華富貴」吧！？因爲他也是「又紅又專中最紅最專的工人階級詩人」。但，都沒有，都不是。

所以說，解讀王學忠其人其詩，不要硬拿「馬列史毛」的框框來套他，那是在取悅統治階層，但並未動搖王學忠在中國詩壇的地位，未來歷史必會給王學忠很高的評價和地位。

王學忠是個了不起的「工人詩人」，或稱「平民詩人」等階好，如許多地方都有軍人詩人、農民詩人……工人（或擺攤的）沒什麼可恥，許多偉人的出身也是寒微（如禪宗六祖惠能大師是砍柴、煮飯的）。如果要類比，王學忠和杜甫最相近，杜甫是唐代苦難大眾的代言人，曾窮困到市場擺攤賣魚；而王學忠擺攤賣鞋，卻寫出極多（應有三千多首了）素質極高，代言廣大的中國勞苦群眾們的詩。

放眼中國近兩百年來（約清道光開始衰弱到整個廿世紀，無數中國人在苦難中活過來）。有那位詩人、作家，能成爲全中國廣大勞苦的下階層民眾之代言人，有誰的詩能代表？沒有，確實沒有。（二〇一一年十一月底完成台北萬盛草堂）

註釋：

註一：魏巍，原名鴻杰。作家、詩人，一九二〇年農曆正月十六日生於河南鄭州，一九三七年參加八路軍，一九三八年四月加入中國共產黨。曾任北京軍區文化部部長、全國人大代表，出版作品多種。魏巍已於二〇〇八年八月去世，我雖不認同他對王學忠的定位，相信也是可敬的詩人、作家。

註二：王學忠，《雄性石》（北京：中國文史出版社，二〇〇三年十一月，第一版），序頁一—五。

註三：熊元義，文學博士、評論家，中國作家協會會員，「文藝報」理論部主任。出版著作有《中國人精神尋根》等多種。

註四：王學忠《太陽不會流淚》（北京：中國戲劇出版社，二〇〇五年十一月），序頁八。

註五：同註四，頁九。

王學忠的情詩解讀

這世界上任何一個男人，除已出家的高僧大德外，只要是「正常」的男人，他必有一個心愛的女人，且他這一輩子至少應有一個（通常只有一個）這樣的女人。

我按照自己對經驗世界的觀察、歸納，做如此的「應然推論」。是故，任何男人，帝王將相到黑道大哥，他必有心中所愛的女人，不論這女人在或不在，「在」是還在世間，不在是去了西方極樂世界，都無差，男人愛一個女人「在」是最好，「不在」也會愛她一輩子。反正，男人心胸腦海之深處，必有一個最神秘的空間，讓他心愛的那個女人溫馨的住著，享受著一輩子浪漫的回憶。

我讀王學忠數百首詩（應有千首以上），以及許多名家的評文，我很好奇！爲什麼王學忠沒有寫情詩？他總數三千多首詩應有些情詩！只是他尚未公開面市。從已出版、發表的作品中找，有兩首應是情詩，是王學忠很稀有的情詩，我好奇的想從這兩首詩窺視王學忠私密的感情世界，世間只有一種密秘藏得住——公開。

那天，你從陰郁中走來

那天，你從陰郁中走來
路邊的苦艾
在蕭瑟中搖擺
昨夜的淚痕還在
猶豫不定的愁緒
落滿小村的塵埃
唉，自己的命運
為啥自己不能主宰
那天你從惆悵中走來
蓬亂的髮絲

若風中的蒿萊
昨夜的淚痕還在
躊躇的心兒
依然在路口徘徊

唉，自己的命運
何時才能自己主宰

那天，你從惆悵與陰郁中走來
撲進我的懷
頓時，兩顆痛苦的心兒
緊緊相挨
發誓
不再離開

這首情詩先發表在台灣的葡萄園詩刊，第一六八期（二〇〇五年十一月十五日出版，該期第一二一頁），並收在《太陽不會流淚》詩集。

結構上是「不規則段落的三段論法」，場景由遠而近，到緊緊相挨，構成一幅完整而淒美的畫面，真是「詩中有畫、畫中有詩」。加上使用大量押韻「來、艾、擺、在、挨、宰、懷、挨、開」，並不刻意用韻，使詩通暢自然，如行雲流水。

意象上解，「你從陰郁中走來」「你從惆悵中走來」，這個「你」應是「妳」，詩人有意以「含蓄」處理，全詩怎一個「愁」字了得，還是彰顯了詩人爲「她」發愁的秘密。但這個妳或她是誰呢？最有可能是自己的妻子英兒，因爲「那天」她也下崗失業了，這確實是一種痛苦。是故，詩的氣氛從陰郁開始，經過惆悵，幸好這是過程而不是結果，安排了幾近完美的結局是「緊緊相挨／發誓／不再離開」，這便是雖在現實世界面臨下崗困境，卻在精神高地得到人生的真愛，從此以後詩人和心愛的女人在這個「精神高地」，過著幸福美滿的日子。

所以，這首「那天，你從陰郁中走來」，主題訂的真好，「那天」表示已是往事，「你從　陰郁中走來」表示人生奮鬥過程碰上的困境。活在世上的任何人，必有一些遺憾、一些失望、一些不如意……沒有誰一生都完好，他們這些都走過了，都克服了，現在緊緊相挨，再也不分離，這不就是任何男人和女人最想要追求的嗎？

你是我心中的天

不敢説情緣
只是偶然相遇
便把心兒牽

你是天空的風箏
我是隨風箏飄動的線
風箏飛翔
我也飛翔
風箏落地
我與泥土為伴
和你在一起

每一天都花好月圓
吟詩、著文
蹬車鬻貨
做啥也心甜
忙裡偷閒
是心挨心的瞬間
陽光在花瓣上的和羞走
月輝在靜夜裡璀璨

其實，與你相伴
並不是為了享樂、耍玩
而是不甘沉淪
于碌碌無為中
畫一個人生的圓
而是要橫下一條心攥緊拳

讓日子發光
把石子投入水中
蕩起一圈圈波瀾

你是我心中的天
一絲風、一滴雨
一縷陽光
甚至一個不經意的轉身
一顆淚珠
話語中一個不愉快的字眼
都是震撼……

唉，這是一種
從未有過的情感
讓我真正解讀了天的概念……

世俗有謂人生的親情、友情、愛情三種珍貴關係中，愛情最難得到，因爲能相伴一生的紅粉知己難有；有謂友情難得，因爲朋友一大堆，無一知心者；而那親情「生來命中一定有」，不必去追求。我以爲都是，也不全是，因爲萬事萬物都在變動中，很多人和事都「緣起性空、緣起緣滅」，只要真誠以對，當下擁有的便是得到，想得到永恆的圓滿（親情、友情、愛情都圓滿），對世俗之人是很難的。（佛、菩薩的圓滿不在此範圍，那是另一種不同的境界，本書不論。）

世人不論是誰？都難以在三種感情世界得到圓滿，我按照自己和王學忠的相似點，做應然推論，王學忠不缺親情和友情，但愛情可能有所欠缺（因此他才想要在詩的世界有所追求，至於夫妻關係，結婚幾十年了，通常情義在，愛情成份已很稀淡了。）詩終究只是一種解讀，而不是進行心理分析。

爲什麼「你是我心中的天」是一首情詩？表述了內心對愛情的渴望。讀第一段「不敢說情緣／只是偶然相遇／便把心兒牽」，短短三行，用否定句反面肯定承認一件事「一見鍾情」；進入第二段，成了「風箏」與「線」的關係，這對情人可以雙宿雙飛了；到第三段「做啥心也甜」，兩人只要相守一起，一切都值得，貧窮一生也甜蜜。終於他們「畫一個人生的圓」，甘願共同走過風雨，共度一生，能帶來這種感情的，「你是我心中的天」。

這個「你」是誰？詩人用中性字刻意隱藏，或許就是英兒，或他的初戀情人，總之是詩人的夢中情人。

王學忠出版的詩集中，沒有明顯的「情詩選」，判斷王學忠根本不寫情詩，推論原因，一者他夫妻倆爲生活奔走、擺地攤、維持家計已是辛苦，沒有時間和機會發展其他感情，「未經實踐論證便沒有發言權」；二者也沒有足夠的經濟能力去談情說愛，台灣有八卦論調說「男人有錢就變壞」，不無道理，王學忠的詩寫到一些大款大爺帶著「小三」進出，都要白花花的銀子大把大把的花，王學忠不屬這類的人。但最近一年因研究王學忠的需要，我注意台灣的一些文學雜誌，《新文壇》第二十六期竟有王學忠二首情詩。（詳見該期（高雄，二〇一一年元月），頁一三〇—一三一），擇其一「我在等你」：

我在等你

應該是緣
緣讓我們相遇、相知
那天，你眼圈紅紅淌著淚滴

面容憔悴
訴説著疲憊與委屈
我不知道該怎樣撫慰你受傷的心靈
胸中頓湧一波愛的潮汐

潮汐簇擁我走向你
走向你，愛你
為你遮風擋雨
決不允許任何人蹂躪你的美麗
不言天老地荒
也不山盟海誓
只為滾滾紅塵中
心相印、身相依
酸甜苦辣在一起
串難不離……

緣讓我們成為知己
平凡的日子
有了跳動的音符和詩
期待有一天
你毅然揩去眼角的淚
朝我走來
喊著「我願意」
我在撒滿玫瑰花香的早晨等你……

十足王學忠式愛的表達，以否定句表現肯定的愛，不用口說地老天荒，用行爲證明患難永不離，這不就是山盟海誓了！這首詩景的起頭和「那天，你從陰郁中走來」相同，從面對一段人生的困頓開始，引起男主角對女主角的疼愛之情。接下去就是「英雄愛美、惜美」的「雄性之愛」之發揮，「走向你，愛你／為你遮風擋雨／決不允許任何人蹂躪你的美麗」，這種事只要是個男人，是「大男人」一定會做的事。故事的結局當然是那個「女生」說：「我願意。」從此以後，王子與公主過著幸福美滿的日子，直到地老天荒。……

研究王學忠幾十年來的詩寫題材，《未穿衣裳的年華》寫兒童的世界，《善待生命》是一種「同體大悲、無緣大慈」的情懷，《流韻的土地》是山水田園情，《挑戰命運》以後，詩人「入世」了，且「我不入地獄誰入地獄？」，他的心總是掛在國家、社會這個大環境，仔細觀察這個大環境下那些苦難的人、那些在社會底層討生活的人，爲廣大的人民群眾說話，永遠和人民站在同一立彭、同一陣線。此一情勢之下，王學忠那有「美國時間」去談情說愛，有一個英兒就是他的最愛了。

但筆者好奇，王學忠畢竟是個男人，有堅定「雄性信仰」的大男人，有血有淚的漢子，他的私人感情世界如何？他的紅粉知己何在？在他的三本各家評論集中，各詩評家從未「開發」這塊處女地。我試圖針對他的幾首詩選讀，從詩的內涵定位成「王學忠的情詩」，就教各家，品賞再議！

民族主義藏於野、禮失求諸野

——農工群衆把中國扛起來

在中國歷史上，「民族主義藏於野、禮失求諸野」，向來是學術界不冷不熱的論點，而且中國歷史上各朝代的「輪替」，也早經一次次檢證。當以知識份子爲主結構的統治階層趨於腐敗、墮落，社會底層廣大的人民群眾便會起來造反、革命；成功後，治國須要知識份子，大權和大錢又被統治階層把持玩弄，中上層的人又成了禮義廉恥不存的動物，下階層人民又要起來革命……

中國最後一次這種輪替是滿清垮台，民國建立，而民國得以建立，除少數孫中山所領導的知識份子外，還是依靠社會下階層的人民，其中一股很重要的力量來自洪門，孫中山亦親自擔任洪門的「大哥」，洪門本是明末至明亡後立志反清復明的天地會轉化而來（註一）但國民黨自建黨以來，到民國，到一九四九年後在台灣，都被定位成「資產階級」政黨，忽視了下階層廣大人民的利益，這種定位或質疑多少有些道理。

中國共產黨以工農群眾、貧下中農、無產階級起家，取得政權後論理應該照料社會下階級民眾。可惜不得不改革開放，吸收一部份民主政治和資本主義思維，其領導階層也會質變成資產階級，當一部份人先富起來後，所謂的「工農群眾」，尤以下階層民眾必然被邊緣化，而成了弱勢者。當國家的憲法還白紙黑字的寫著無產階級是國家的領導階級，而在現實社會中的真實情況，無產階級已是貧窮的弱勢者，豈不矛盾，豈不成了天大的笑話！王學忠正好趕上這班列車，廣大的勞苦工農群眾被忽視、被邊緣化、被貪官整得活不下去，王學忠這位詩人又是其中之一份子。

詩人沒有逃避，直面以對，他不僅以詩爲人民群眾抱不平，我認爲王學忠及其詩作的最大「社會功能和價值」，是重新把工農群眾的社會地位提起到一個相當高度，讓朝野重視問題；重新向天下宣示「禮失在野、在社會底層」；而「民族主義也藏於野、藏於社會底層」，歸結起來，是全體的中國下階層勞苦的各類工農群眾把中國扛起來，若這些工農群眾垮了、不想扛了，國家會垮的！王學忠所有詩集中的每一首詩，除童詩以外，絕大多數有這樣的思維。本文不能把數百首有這樣思維的詩拿來分析詮釋，只以「脊梁」、「雪中白楊」、「竹」三首短詩說明之。

脊梁

千萬不能彎
有淚肚裡咽
咬緊牙
把天扛在肩

倘若趴下
天便會坍塌
一灘血淚
埋在瓦礫下……

許多描述工農群眾的詩，如「工人兄弟」、「城市拉煤工」、「中國民工」、「三輪車夫」、「勞動者」……王學忠之稱「工人詩人」、「平民詩人」，就是因爲他詩寫這樣的意象。在今天的中國大地，有幾億（上看十億以上）的勞動者，在艱困的環境中每天幹著危險的粗活，無數人有淚肚裡咽、咬緊牙，把天扛起來。這詩中的「天」何在？是他一家老小，是整個國家社會大建設，是今天中國邁向富強大國的根基，換言之，是廣大勞苦功高的下階層中國人民，把國家「扛在肩」，這是今天中國農工群眾群們的豐功偉業，而他們，是一群群無名英雄。

假如沒有王學忠拿起詩筆爲這十億勞動者，如此論述、如此彰顯其存在的價值和功能，如此提升其社會地位，這世界還有誰去理他們？還有誰去重視這些弱勢者！

但他們是弱勢者嗎？若是，可能大家又不理他們了，王學忠的詩說「倘若趴下／天便會坍塌」，如果這些勞動者垮了、不幹了、罷工了、造反了……很嚴重，是家庭、社會、國家一起垮、一起亡，一灘血淚，埋在瓦礫下。所以，勞苦的工農大眾們！你們才是當今中國的「脊梁」，國家要爲你們的保險福利退休等，訂出好的制度，要提高薪資。若能有改善，王學忠於有功焉。

雪中白楊

光禿禿的白楊樹
一群裸露的脊梁

長矛般兀立風雪中
頭頂茫茫上蒼

長矛利劍脊梁
雪花紛紛揚揚
千里沃野墓穴般沉寂
沉寂不是死亡

這首詩以白楊意象突顯很詭異，因爲白楊樹在詩中的意象代表死亡，如同烏鴉報憂不報喜，已成固定印象。但利用死亡拉大反差，更能彰顯一種淒美與偉大；就好像提高了風險，利潤相對提高一樣道理。

第一段，光禿禿的白楊樹在風雪中，又裸露脊梁，很鮮明的是一群未穿上衣正在幹活的勞重者，體現他們堅忍的意志力，不論工作環境多麼惡劣，依然「長矛般兀立風雪中／頭頂茫茫上蒼」。這和前面那首「脊梁」類似，只是把「天」扛在肩比較俱象，而頭頂「茫茫上蒼」比較意象，如同國畫中的寫實和寫意之差別。

第二段「千里沃野墓穴般沉寂」有些詭異，爲什麼幾億勞動者沒有聲音？他們刻意保持沉默，苦幹實幹，還是被打壓？或者被某種更大的力量「封口」？不講話不代表沒意見，可能有更大的異議，他們不說（說了也沒用）……很多原因。詩人提醒眾人「沉寂不是死亡」，是一股更大的力量，可敬的勞動者撐起現在的中國，我們敬愛他們，也佩服他們。

竹

虎生生一伙漢子
天生直來直去
風吹雨打秉性不改
披一身翠綠

縱有居心叵測者
要伎倆褻玩、脅逼
弄成各種姿態

心也不會彎曲……

竹在中國文人世界裡象徵高風亮節，比喻人格情操的境界，似少拿來比喻勞動大眾，不論王學忠的寫意或我的解意，都是創新。「虎生生」先將竹擬人化，竹林是一伙漢子，第一段明顯的寫工農群眾的性格，天生直來直往，風吹雨打秉性不改，一樣的苦幹實幹。

第二段明說竹子可製成各種竹製品，被人玩弄成各種樣子，但竹的本質並未改變；第二層意義勉勵人要始終如一，要善始善終。第三層也是最高的意義，才是勞體者身處各種險境及惡劣的工作環境，但不改其志，只要太陽還在，這群工農兄弟姊妹們，就照樣幹活。這樣情操、意志，不就是竹的高風亮節。

社會學家常用一種「金字塔結構」，圖解一個國家（地區）的財富分配，以今日中國的經濟實力，能居所謂「頂層結構」者，可能百分之十左右，而「中產階級」大約百分之三十不到，「底層結構」佔了大半以上。現在的中國總人口（含港、台），最多不超過十四億人口，按百分比算，下層結構的人口約八億多人。而這八億多人位在「貧窮線」以下又有多少人？無可靠的統計數字，但至少幾億人（比美國總人口多）。

王學忠詩寫這群勞動者，應是生活在金字塔結構下層的這八億多人。他們的苦幹精神、他們的意志力、他們的情操，正是中國民族精神、民族主義在社會底層的體現；當中上層結構之禮義因腐敗而流失時，到這些工農群眾身上找回來吧！他們能把中國扛起來！

註釋：

註一：關於天地會、洪門及中國近代黨派運動，可參閱本書作者另著，《中國近代黨派發展研究》（台北：時英出版社，二〇〇六年九月）一書。

民心民聲誰觀誰聞

——王學忠籲天之詩

中國從滿清結束至今正好一百年，這百年在神州大地上真是翻天覆地，變天變天又變天，民初內戰、八年抗日（應是十二年多）、國共內戰、援朝之戰、懲越戰爭……樂了政客貪官奸商，成就了英雄豪傑大將軍，因爲越是大動亂、大變局之際，也越是他們這些角色大展長才，大規模擴張舞台的大好良機。但反之，苦了很多小老百姓，光日抗日那些年，我國平民百姓死了三千多萬人（傷者、國軍部隊死三百多萬及傷者均不計）

當鄧小平同志決定走改革開放路線後，可以預見的，中國大地上又有連續三十年的大變局。這種變局沒有砲火，看不到敵人和敵軍，聞不到火藥味，當然也就沒有血流成河的壯大場面。但這個千載難有的良機，也有一批「隱形大軍」他們動員起來，無聲無息、無影無蹤，一般小老百姓根本不知道，也沒有感覺，突然一座大工廠無緣無故關門了，又突然一座座金山銀山被「五鬼搬運」，瞬間也不見了。這種事在地球上到處有，王學忠又碰上規模最大的「隱形大軍」。

我說這「隱形大軍」何在？在朝者是一批貪官政客、握有權力又有機會者；就算清官，但大權在握，其第二代、三代都在利用「父祖的剩餘價值」；或無權無勢，但有關係又有能力，也能創造機會，狠撈一票！

而在野者更是不干示弱，那些所謂企業家、資本家、大老闆之流，能不見縫插針乎？能有公權力護航最好，不行就黑白兩道合作，反正利益均分。在改革開放、國家建設前提下，無數城鎮、道路、橋樑、房舍、交通、整體市容……都要進行翻天重建，尤其近二十多年來，看見的好像中國動，地球亦動；中國不動，地球亦不動。

在這沒有砲火的大變局中，那些無權無勢者，那些無力又無機會者，正是社會底層這批廣大的人民群眾，苦了這些勞苦的小老百姓。王學忠的很多詩寫這樣的情境，我稱「王學忠籲天之詩」太多了，選兩首賞讀。

等待拆遷

拆遷風好凶好慘

刮得東西南北
灰蒙蒙一片
平平安安的日子
提心吊膽

到處是謠傳
真假難辨
古老的家園
苦辣酸甜
頃刻
賣給了一位大鼻子老板

有的說老板姓方
有的說姓圓
方老板，圓老板

皆誓言旦旦
拆掉貧窮
讓中國披一身綢緞

有的説方老板建的是美食城
圓老板造的是金鑾殿
有的説方老板建的是狩獵場
圓老板造的是游樂園
也有的説狩獵場其實是賭場
游樂園不過是妓院

唉，到處是謠傳
真假難辨
五千年歷史
男男女女千千萬

猶如一條條網中之魚
等待被撈上岸

王學忠的詩如白居易的易懂，鄉下阿公阿婆一聽就懂，因爲使用的是「老百姓的語言」，講的是「老百姓心中的事」。這首「等待拆遷」幽默、諷刺、詼諧均兼而有之，在大陸許多城鎮建設過程中，代表很多必須拆遷的小民心聲，也提供管理階層反省、改進的機會，到底是妓院還是賭場，或美食城？城市規劃都大大不同。尤其面向廿一世紀，中國要成爲國際上的「大哥級」領導強國，我國城鎮建設必須具有國際水準，必須是一流的。

但我們回到現實面，回到人類社會的「常態面」，世界上任何大國、強國，乃至有特色能吸引人潮之小國家，其國家恐怕是美食城、金鑾殿、狩獵場、遊樂園、賭場或妓院，通通要有且要有現代化管理。否則，難以成爲現代化國家，尤其「妓院」管理是一門現代管理科學。

有人以爲國家現代化了，那裡還要「妓院」這種不雅的場所，非也，現代化社會的妓院也須要「現代化規模」。吾人以美國、英國、日本、泰國、韓國等許多國家爲例，他們有「性產業管理條例」、「特種行業管理」，乃至所謂「性工作者健康保險條例」等等，不一而足，視各國國情、土地利用、經濟發展與安全措施而定。「妓院」已是落伍的名詞，經現代化粧扮後，形成一種產業規模，又帶動許多週邊產業，這可能是人類社會古來必有的「必要之惡」！

我說「必要之惡」很有爭議，因爲古今中外都始終存在的事（妓院），也有某種「社會功能」，應該是「必要之善」，而不是「必要之惡」。吾人以爲，人民關心這些事，重點是如何管理的問題，如何合法合人情合人性？不要有官商勾結等事，政府或主事者給人民一個清楚的說明，謠言滿天飛是政府的責任。

另一首有代表性的詩是「一群女工」，詩前王學忠有題記，謂在廣州惠州的一次職業病體檢中，某私營公司一百七十七名生產工人，全部被診斷爲重、中、輕度鎘中毒……我先想到的是，台灣過往那五十年也發生太多次了，甚至有更慘的，先讀學忠的詩。

一群女工

主人變雇佣
一群女工

花蕾似的年齡
幾年蹂躪
如今像枯葉相擁病榻
哭訴冤情

從主人到雇傭
可是生產力的一次解放？
稱謂行業裡的一場革命？
還是書堆裡的老爺
不經意間
更換了一架近視鏡？

一群女工
腦殼拍得砰砰
怎麼也鬧不懂

做牛當馬幾多載
遵命拼命送命
換回的竟只是
憔悴的病體如片片殘紅

老板腰壯氣橫
用最小的投入
最卑劣的拐騙坑蒙
掠取了最大的利潤
美女如蝶
轎車似蜂
千萬嘍羅簇擁

主人變雇佣
其實，不僅僅是字眼兒的不同

路線的不同
猶如站在墻頭上的人
被猛踹一腳
跌入了陷阱……

老板（台灣用「老闆」較多），不知爲何？商場上的老板總是給人負面印象較多！好像老板都是坑人坑蒙的，但我仍相信好老板會比壞老板多，就像世上好人多於壞人，因被張揚的通常是壞老板，好老板則沉默。

這首詩控訴那些自私自利，不顧員工死活的老板，用盡一切手段剝削員工時間、青春，乃至身體健康、生命，都被壞老板剝削光光；當老板的，用最低價的東西叫員工使用，老板賺取最多「血汗錢」，事實上這些不是新鮮的話題，這是近幾百年來，工業革命、資本主義和共產革命的演進史，台灣和大陸晚了歐洲一百五十年。

回憶一百五十多年前，一八四八年馬恩發表「共產主義宣言」，其緣由正是工業革命和資本主義發展，造成產業工人被過度剝削，資本家綁架政客，不顧下層民衆死活，人民只好起而造反、革命，形成全球一百多年的共產主義風潮。但實驗數十年後，又發現共產主義不可行，又要借用資本主義某些思維，否則經濟起不來，人富不起來。但是，資本主義問題太大了……看來人類社會從古自今始終找不到一條可以永久走下去的「路」。現在中國人自己實驗「中國式社會主義、中國式民主政治」，我相信這是一條好路，中國人可以走的路。

「一群女工」這首詩平易近人，女工都能看懂、理解，就是在說一則工廠女工的心酸故事，這群女工在廠裡每天遵命拼命，結果卻送命，年輕如花蕾般青春少女，被蹂躪幾年，竟成了病人，而當老板的無視人命可貴，「最卑劣的拐騙坑蒙／掠取了最大的利潤／美女如蝶／轎車似蜂／千萬嘍羅簇擁」，啊！這是何樣的「血汗工廠」？這是何樣的世界？就像十九世紀上半葉英國、法國、德國那些「黑心工廠」，資本家要錢不要命（是不要員工的命，自己命當然要）。因而，才引起馬克斯、思格斯發表「共產主義宣言」，要進行世界無產階級革命、要推翻所有資產階級政權、要無產階級專政、要工人起來當家做主……如今看來，全是「政治神話」！

但是，現在是廿一世紀了，民主、人權聲稱比天大，再者今日中國要成爲現代化國家，要成爲大國強國，成爲全球最繁榮昌盛的神州大地，類似這些事怎能視而不見。神州大地的同胞們！各級領導們！以及老板鄉親們！有幾人讀了王學忠的詩。

中國當代詩壇的所有詩人、作家、教授、評論員……要把王學忠推出去，把王詩宣揚出去，多一人讀到他的詩，便是多一分反省，多了一份改進，我們的國家會多一分希望，廣大的人民群眾也分多一分平安幸福！

讀「想起那年紅軍」

兄弟鬩於牆
鬧了快百年了
只願私下和解
不敢公開認錯
也不敢公開握手
因為啊因為
都怕丟了家產

這首詩是我對近百年來的國共鬥爭和內戰，及導至兩岸隔絕半個世紀多，至今使我們國家仍處於分裂狀態，國家何時統一？中華兒女何時能在國際上有尊嚴的說：「我們

是統一繁榮的國家。」？我用詩這樣表達！也是我讀王學忠這首「想起那年的紅軍」，瞬間直覺的感覺，引其詩的幾段：（註一）

想起那年的紅軍
便想起一位橫刀立馬的將軍
砲隆隆，車轔轔
為了救人民於苦難
硝煙彌漫的征途上
燃燒著無數個淌血的黎明與黃色
……
想起那年的紅軍
麗想起幾個人民的罪人
白天驕橫，夜晚荒淫
宮殿般的別墅摘星攬月
一張張貪婪的大嘴

企圖把整個中國侵吞
肉慾，權欲熏心
人格，國格喪盡
一頓便飯
吃掉的是兩頭痛苦的牛
一次會議
花去的是一座偌大、流淚的鄉村
想起那年的紅軍
也想起一條古訓
騎在人民頭上的
必將被人民摔倒
給人民作牛馬的
人民會永遠銘記於心

「想起那年的紅軍」原詩有七段，每段六行共四十二行的中短詩，結構上呈現正反合的規律演進，似乎萬事萬物都難脫這種規律（或自然法則）。開始都是美善的（有理想性、有革命精神、爲人民服務），等到事情完成，大業功成，權力到手，就會慢慢變質……接下去，就是腐壞……形成另一種新生，新的統治階層……再下去，在同樣的軌道上輪迴。用佛法解釋，宇宙間萬事萬物都「成住壞空」中輪迴……話題扯得太遠、太深。

回到「紅軍」，就是中國人民解放軍，以前在兩岸對峙時代台灣方面大家稱「X軍」，範圍再擴大則叫「共X」，那「X」字就不提，提了傷兩岸和諧。

但我非提不可是詩中一句「**為了救人民於苦難**」，絕大多數人讀這句覺得只是詩吧！我會上達歷史、歷史正義、社會正義和春秋大義的層次詮釋之。到底紅軍是「**為了救人民於苦難**」？還是「**增加人民的苦難**」？這個問題不是台灣方面說了算數，也不是大陸方面人多說了算數。

國共鬥爭、內戰從共產黨建黨就開始了，持續半個多世紀，這半個多紀紀，中華民國只是一個剛生的「嬰兒」，國際叢林（美帝、英帝、倭國）都想把中國一口吃掉。毛澤東抓住好機會，制訂了「**一分抗日、二分應付、七分發展**」政策，也就是用一分的紅軍軍力抗日，二分應付國民黨，七分力氣發展其黨政軍勢力。近年我多次到大陸，電視連續劇天天都在演紅軍如何抗日！真是騙死老百姓了！這也無奈！人民被洗腦了，文盲也太多了！假如國民黨在大陸，不會搞「三反五反」，不會搞「土法煉鋼」，不會搞文化大革命。所以，到底誰爲人民帶來苦難？讀者都了然於心。

但這個問題是否就此算了，短期看是算了別再提（爲兩岸和平統一之故）；就長期的大歷史言，絕不可能算了，否則孔子所提的春秋大義就變得毫無意義，中國歷史文化便瞬間崩解，亡國滅種。（註二）就好像西方人談民主政治和資本主義，若將自由市場、私有財產制和民主抽離，民主社會（西方各民主國家）便瞬間崩倒，結果是亡國滅種。

中國歷史解決每個朝代的是非恩怨，除了當時史官的筆公正記錄史事，主要靠後世史家爲前代建史的論述才算數。例如，我國二十四史，都是當時政權亡後，下面新政權史家爲前代寫史，宋亡後元朝史家建《宋史》，元亡後明朝史家建《明史》，明朝亡後清代史家建《明史》，乃至更久遠才有公平公正之論述。我們現代所認知的「曹操僭奪」、「曹丕篡漢」、「僞齊劉豫」等，（註三）都是後世的論斷，當時無人敢言（除敵對陣營）。

換言之，國共兩陣營，到底誰是誰非？誰是造反者？誰是腐敗者？誰爲人民帶來苦難？誰才是「正統、法統」？現在兩岸誰說都僅是「一家之言」。必待中華民國和中華人民共和國都「打烊」了，後面的朝代史家說了才算數，那是很久以後的事了。

但就在雙方都尚未打烊之際，國民黨的政權維持了百年，共產黨政權也半個多世紀了，位子坐久了會腐敗，東西用久了會壞，人老了會病死，仍宇宙間真理。所以王學忠這首「想起那年的紅軍」，現在也出現了「**肉慾，權欲熏心／人格，國格喪盡／一頓便飯／吃掉的是兩頭痛苦的牛／一次會議／花去的是一座偌大、流淚的鄉村**」。

任何統治階層，任何為官從政之人，都要謹記王學忠這首詩的結尾四句「**騎在人民頭上的／必將被人民摔倒／給人民作牛馬的／人民會永遠銘記于心**」。那麼，他就有機會當「太平官」，乃至生前身後都「太平」。

註　釋：

註一：王學忠，《挑戰命運》（呼和浩特：內蒙古人民出版社，二〇〇一年五月），頁二十一—二二。

註二：「春秋正義」（春秋大義）釋意：「春秋」是指我國春秋時代各國國史的通名，也是魯國國史的專名。現有的春秋記述內容，從魯隱公元年（西元前七二二）起，到魯哀公十四（西元前四八一），共計十二代君主，二百四十二年。春秋的作者是孔子，歷史上爲春秋作傳的很多，今傳有左傳、公羊傳和穀梁傳，簡述之。

「左傳」，另名「左氏春秋」，作者左丘明，約成於戰國初年。左傳記載春秋時代各國史事甚詳，強調民本思想和禮義，堅定認爲國家領導人的一切思維，均要源自「民本」，人民才是國家之本。

「公羊傳」，儒家口耳相傳的解經之作，到漢景帝時才由公羊家族寫成定書，公羊傳闡揚孔子春秋的大義意涵，在大一統、仁政、反侵略思想，尤其在區別「中國」與「非中國」有明確釋意，是儒家政治思想的寶庫。

「穀梁傳」相傳是子夏的弟子、魯人穀梁淑所作。與前二傳相比，穀梁傳更好言褒貶，對當時從政之人有賢、善、美、惡、譏、刺、卑、微之批判，尤其批判貪腐甚力，更闡揚孔子「正名」思想，均屬「春秋之義」。

綜合春秋三傳之「春秋正義」內涵，包括大一統、民本、仁政、正名、反侵略、反貪腐及「中國和非中國之別」等思想，事實上，這些價值孔子在世時，常於各種講經說法、教學、言談提到，經幾千年發展，已成中國社會一般人民及政治人物治國的核心思想。凡是違背這些思想價值，其政權和統治者都很難被人民接受，通常這些政權都存在不久（如地方割據等），不是垮台，便是回頭擁抱「正確」的春秋正義價值。故曰：「孔子成春秋而亂臣賊子懼」，歷代史官乃本春秋大義標準，證述並批判當時國事。是故，「春秋正義」在我國歷史上，也稱「千年憲法」。

中國歷史上各朝代之被終結或垮台，皆因統治階層違背了「千年憲法」的精神思想，因而被人民推翻了。但有些政權及時醒悟流失「春秋正義」的後果，急忙回頭，回到合乎春秋之義的軌道上，得以「存活」，並開創更輝煌的局面。元初、清初及毛澤東時代的「文化大革命」，都大搞「去中國化」，發現路走不下去（硬走下去便是滅亡），便回頭大搞「中國化」，以「取悅」人民，換取政權的「存活」。

台獨執政那八年，是「典型」的違反春秋正義，違反中國「千年憲法」，台獨思想是地方割據的異形，陳水扁家族洗錢案及獨派政客貪污案一一曝光，都是一種「證明」。證明甚麼？

證明分離主義、地方割據思想的「暫時性」，維持不久的政權，既不久要垮台，有權力的人便能吃盡量吃，能撈盡量撈，撈飽了走人。

當然，萬事萬物都是相對的，要「擁抱上帝」，必「得罪魔鬼」。如馬英九（代表統派）要推三通，便要陳雲林來，獨派激進者（大多是盲從者）便抗議；要辦陳水扁，一群獨魔便會反撲，會有一些些動亂，這是「必要成本」。即使這一點「成本」，還是有很多人覺得成本太高。

但，那有甚麼關係呢？當長江黃河巨浪衝來，濁水溪或愛河邊那一點微風細雨都是小泡沫，山都擋不住的。中國歷史進行曲有一定的譜調，春秋正義在，邪不勝正。未來台灣的統派要和大陸執政者，人民緊緊連結在一起，目的是宏揚中華文化，高舉春秋正義、仁政、民本，正名的大旗，統一便是很自然的得到全民支持而如水到渠成，也很自然的終結掉台獨。就算有極少死硬派反抗，惟大勢所趨，小泡沫起不了作用。

啊！孔子，有你便有中國

無你，中國在那裡？

註三：偽齊皇帝劉豫，今河北阜城縣人，中了進士在北方做官。北宋亡時，他逃去南方，準備在江南當太平官。不料高宗發表他做濟南知府，他不高興而叛宋降金，當了大漢奸。

建炎三年（一一二九）冬，撻懶（完顏昌）攻濟南，屢爲宋將關勝所敗。劉豫爲了投靠金朝，就殺掉關勝，送給金朝，他又賄賂粘罕手下紅人高慶裔，設法使金人立他爲傀儡皇帝。果然，建炎四年九月，立爲皇帝，國號大齊，都河北大名。劉豫甘爲金朝鷹犬，到紹興七年（一一三七）失勢被廢，劉豫當了八年漢奸，僞齊亦亡。像劉豫、民國的汪精衛及現在的台灣陳水扁、蔡英文等台獨思想，都是一種漢奸思維，違反春秋大義，只能是暫時的存在。

英兒看王學忠

當代中國文壇上，許多著名詩人、教授、博士、評論家都爲王學忠的詩寫過評論或賞析，給了王學忠許多封號，如工人詩人、平民詩人、中原詩人、地攤詩人……以及我很不認同的「工人階級詩人」。

所有寫王學忠的作品（評論、散文等類），我最喜歡一個叫「英兒」寫的一篇短文，賞讀這篇不到一千字的短文，有如在郊外觀賞山坡上的花草，那樣自然，未經修剪。而這位叫「英兒」的女生，原先是紡織廠女工，現也下崗靠地攤謀生。她就是詩人王學忠的妻子。在《挑戰命運》這本詩集的序，她知道學忠的詩，是寫給那些弱勢群體中的人們的，是生活的真實記錄，她說的很平常：

> 他的新著《挑戰命運》就要出版了，做為妻子的我除了支持，還能說什麼

> 呢？真的，我確實無話可說，擺了整整一天地攤兒的我早已很累，很累，累得挪不動兩條腿；累得飯也不想做、不想吃，倒頭便想睡，累得「管它春夏與秋冬」，一切都無所謂。（註一）

別說英兒累，我讀起來也是五味雜陳。若是一個高級知識份子（如司馬遷），或在權力核心風光（如李白），突然失勢或獲罪而陷入困境，但生活吃飯總不成問題，能寫出好作品也是應該的，作家不愁吃穿就該專心創作，否則辜負了米飯。但若在社會底層掙扎的勞苦小民，如「地攤詩人」王學忠呢？生活已是艱難，生存更是一種掙扎呢？還要專心創作嗎？

英兒說，近三十年來，學忠寫了數千首詩，僅發表在國內大小報刊上的就有千餘首，「學忠做啥事兒都頗認真，寫詩也一樣，無論那些詩是寫在報紙字縫裡，還是寫在廢紙片上的。」原來王學忠的詩都是這樣「生產」出來的。王學忠的創作觀也和白居易很像，該說根本一個樣，英兒這麼說：（註二）

> 他總要一首首地念給我和集市上的伙伴們聽，大伙兒說哪句不行，他就改

哪句，大伙兒説行，他臉上便會露出喜悅的笑容。

白居易詩也寫得很多，他認爲詩應該用來「補察時政，洩導人情」，也就是說要強烈反映社會現實，是故白居易也最崇拜杜甫，創作詩歌一定要「婦孺都曉」。在《墨客揮犀》有一段記載：

白樂天每作詩，令一老嫗解之，問曰：「解否？」曰：「解」，則錄之。不解則又復易之，故唐末之詩，近於鄙俚也。（註三）

白居易寫詩也念給一些老先生老太太聽，他認爲詩要讓人懂，所以中國歷史上的詩人中，白居易的詩傳佈最廣，日本、高麗、契丹都在傳鈔他的詩，都和現在的王學忠一樣。英兒謙稱自己不懂詩，但她洞知了學忠詩的真相，她知道這個每天與自己躺在一張床上的男人，每天和自己靠擺地攤掙生活，維持這個家的老公，他的詩在說啥：

學忠的詩寫的全是現實生活，全是身邊的那些兄弟姊妹。他的詩，不弄虛，不作假，也沒有絲毫的奴顏媚骨，用老百姓自己的話說：「講述的是老百姓自己的事兒」。

這是王學忠詩會吸引廣大讀者群的原因，對於學忠詩的未來，我和英兒亦有同感，該說是英兒的「直覺」是正確的。英兒提到在不久前的一次廟會上，一些年青人談到學忠的詩，竟用下賭注的口氣說，「一百年後，他的詩肯定會編入教課書。」但英兒認為，五十年或一百年後，當那些所謂的詩人不再詩人了，學忠的詩和他的名字，一定會迎著善良人們的信任目光，走進千家萬戶……（註四）

我也想多認識這位英兒，在學忠的書到處翻，我讀學忠這些書不很有系統，有點隨心之所至。在《挑戰命運》一書的第四輯，「挑戰命運」這篇短文，王學忠寫他和妻面臨工廠倒閉，妻被迫無奈離開工廠，那天妻一路無語，剛進家門便冷不丁冒出一句話：「這活人不能被尿憋死，隔壁的超生戶黑臉兒倆口子能靠擺地攤兒餵飽一家人的肚子，我不信，咱就沒那能耐。」

王學忠夫妻真的從此開始擺地攤過日子了，但說起擺地攤這種生意，在台灣常聽人說「擺地攤其實很賺」，他夫婦似乎沒什麼賺頭。英兒是「萬米無疵布獎章獲獎者」，做生意畢竟不一樣，學忠有不少詩文講告別「國企媽媽」後，生活全都走樣了。

註釋：

註一：王學忠，《挑戰命運》（呼和浩特：內蒙古人民出版社，二〇〇一年五月），序頁十七。

註二：同註一，序頁十八—十九。

註三：孟瑤，《中國文學史》（台北：大中國圖書公司，民國八十二年六月，第四版），頁二七四—二七五。白居易，字樂天，原籍山西太原，後遷居下邽（今陝西渭南。唐代宗大歷七年（七七二年）生，武宗會昌六年（八四六年）卒，年七十五。

註四：這些論述都可見註一，英兒那篇序文。

困與脫困

——及王學忠的「勞動者」

民工被民工困住了
蹬三輪車的被車困住
擺地攤的被地攤困住
王學忠被王學忠困住
我被我困住
神被人困住，人被人困住
人也被神
所困，或互相困

大家都不想鬆手
要如何脱困

小記：放眼看看整個大世界，總統被總統困住，也被人民困住或被政客困住，解放軍被解放軍困住……還有，都被錢困住。

王學忠那首「勞動者」（在《挑戰命運》書上，寫出了全世界所有下階層勞動人民的情形，包含最富有的美國（現有數千萬窮人，每日增加中），乃至日本、英國等資本主義和民主政治發達的國家，終極結果就是大前研一所預測的「M型社會」，目前已成全球的趨勢，似已成不可逆，再發展下去就是馬克斯預言的資本主義社會滅亡。

但中國本來不須要走上這條資本主義之路，因爲中國走的是「中國特色的社會主義」，至少仍在「社會主義」範疇內，這樣的政經制度是不該讓這麼多的工人成爲「下崗工人」，國家要負責所有人民能維持最基本的生活。

只可惜，人都不能抗拒欲望，尤其財富的欲望，都希望最短時間富起來，最好的方法就是資本主義（開放市場、財產私有、自由交易），這種方法短期看很有用有利，但長期看則要犧牲很多人。因爲結果導至M型社會，極少數人控制社會總財富的絕對多數，而多數人（總人口七成以上）只擁有社會總財富的絕對少數，很可悲吧！這是民主、自由、開放的結果。

所以，放眼全球，誰都難以脫困，頂層的富人雖掌控財富，也在掙扎，從困境中掙扎出來，使其財富更多；而下下階層的勞動大眾更是掙扎，掙扎著要從困境中走出，掙一點錢，或使家人生活好些，「勞動者」，抄其中四段：

這是一群醜陋的勞動者
像一簸箕不閃亮的石頭蛋兒
撒在古城的鬧市、社區
釘鞋、修車、賣菜
屋檐上扯起面酒幌子
妻是老板娘，丈夫是伙計
儘管這些人衣冠不整

褲、褂兒上有汗鹹，也有油漬
語言粗魯，放蕩不羈
甚至酗酒、鬥毆、罵娘
將城管隊長揍得腫臉青鼻

不過如今的他們
辦事兒也學會了繞道道兒、轉彎子
前些年女兒念小學
當爹的竟悄悄給校長塞了疊那個
將無戶口的女兒
安排進了重點班級

他們是一支不可忽視的勞動群體
群體中有壯男，也有靚女
見縫插針是他們簡陋的巢
不息的三輪車輪子

旋轉著委屈的黃昏，抗爭的晨曦

廣義的勞動者，就事實論，不論體力勞動者或精神腦力勞動者，兩種都是「勞工」，所以「五一」勞工節才是全國放假日。我們把所有工作者用這種二分法區隔，只是方便論述，其實腦力須要體力，體力也須要腦力。勞心和勞力到底誰辛苦？也是難有定論，例如國家主席胡錦濤同志、總理溫家寶同志，他們高高在上，但他們要爲十多億人民傷腦筋，應該比三輪車夫辛苦很多；三輪車夫、擺地攤的……很辛苦，卻只要顧一家幾口人的肚子。

從最高的主席、總理，到西方各國總統，中東的國王，非洲的山大王……及社會最下層的勞動大眾，大家都有難題，有困境，都在尋求脫困之道。

看來人都被困住了，王學忠也被困住，只有王學忠的詩未曾被困，他的詩天馬行空（如《挑戰命運》，第三輯「沉思集」）。

小註：大前研一，一九四三年生於日本福岡縣，政經評論家，他近年最有名的兩本書是《M型社會》、《低ＩＱ時代》。

山壓不倒的男人：讀王學忠和艾青的「礁石」

紅孩兒移來一座山
又移來一座更大的山
第三座山壓下來
終於壓倒了孫悟空

一座座山壓在他身上
錢山、經濟山不斷壓下來
怎沒把王學忠壓倒
他照擺他的地攤賣他的貨
寫他的詩

我讀小學時，老師愛講西遊記給同學聽，講到紅孩兒移山要壓孫悟空，移來兩座大山壓在老孫身上，老孫還不在乎。紅孩兒又念動真咒，移來第三座大山，終顧死死的壓住這隻長生不死的猴子。

成長過程中，這則童年聽到的故事始終存檔在腦海的記憶體中，我也喜歡西遊記中的很多故事，不同年歲階段都有新領悟，我總有警覺：不要同時被三座山壓著。

我讀王學忠其人其詩，感覺上也是一位「山壓不倒的男人」，這種男人，就算一生沒有闖出什麼大業，也是可敬的男人。

我讀大陸當代詩人作品中，艾青（一九一〇—，本名蔣海澄，浙江金華人），也是一位山壓不倒的男人。他用另一種意象表達他的無畏，讀艾青的「礁石」：

一個浪，一個浪，
無休止地撲過來，
每一個浪都打在它的腳下，
被打成碎末、散開……

它的臉上和身上
像刀沫過的一樣
但它依然站在那裡
含著微笑，看著海洋……

這首「礁石」引自高準著，《中國大陸新詩評析》（一九一六—一九七九），文史哲出版社（民國七十七年九月）。

艾青在一九五七年被打成右派，還送到新疆勞改，吃了很多苦頭。但他就像「礁石」，不畏強暴橫逆，堅持獨立自主的精神，和王學忠一樣的性格。

「葡萄園」詩刊第一六七期（二〇〇五年秋季號），馮異一篇短文：「『礁石』：詩人人格的外化」，也引艾青這首詩，但用字小有不同，本文以高準所引爲準。

在王學忠的詩集中，許多作品都有這種如山如礁石的頂天立地精神，不畏艱難困境，勇於打拼，如「雄性石」、「脊梁」、「中國民工」等。尤以「中國民工」可謂這類詩的代表，讀第五段：

天空有陰，有晴
民工們每天都是繃緊的弓
即使偶爾頭痛腦熱
喝碗薑湯歇上半個工
翌日起來
照樣是一座雄性的山峰

在王學忠筆下，中國幾億在金字塔底層苦幹的民工，他們是一座座的山，除了頂住自己的一家老小，也支撐著廿一世紀中國的崛起。

啊！中國民工們，你們都是山壓不倒的人。

王學忠這攤賣啥好貨？

來來，客官看好貨！
皮鞋一雙六十，兩雙一百
哪邊的一件一元，五件四塊
看倌：都是便宜貨！有沒有好貨？
我的好貨多得是！
我的地攤擺在幾百家報社、詩刊裡
擺的盡是上等貨
專行銷廣大勞苦人民群眾的心聲

客官買一首詩吧！
物美價廉

二〇一一年十一月二十六日

當我構想這首詩時，正好看到今天的「人間福報」頭版一則新聞，山西太原有一位打工賣雞蛋的工人，他也喜歡詩歌，他在大石上寫了一首詩，竟引來超好的生意。我立刻想到王學忠，這兩個背景類似，學忠也可比照辦理，叫地攤生意好起來。

新聞如是說（人間福報二〇一一年十一月二十六日第一版），山西太原崛山隱山腰一塊巨石上，有人用毛筆題了一首題爲「崛抒情」的詩：

十月紅葉火連天，群山湖水映眼簾。舍利寶塔山頂處，多福寺裡鐘聲聞。
一千三百四九階，久攀強身又延年。晨徒暮煉看崛山，并州府城市郊邊。

這是七言，報社掉了一字，我一個「看」。這位打工賣雞蛋的抒發對崛山全景的讚嘆！登山客駐足欣賞也連連讚嘆。大家開始找那落款人，原來是一位叫李亮威的工人。

他今年三十六歲，是馬頭水鄉窯兒上村人，從小在山裡長大，因家中貧困，李亮威初中輟學，以在叔叔的養雞場打工賣雞蛋爲生，閒時喜歡詩歌、書法、繪畫和中國古典文化。

大概是記者找上他吧！李亮威笑言，起初沒想到用詩來做廣告，只是每天在崛山賣雞蛋，爲美景所陶醉，有感而發拼湊出來的。沒想到，自從在山石上題了詩，賣雞蛋的生意超好，叔叔養雞場的蛋供不應求了。

我自己也意外，這些年吸引我寫東西的人，如山西芮城劉焦智先生、河南安陽這位王學忠，這則新聞的打工賣蛋的，都不是知識殿堂裡的什麼大師之輩，但他們的行誼思維就是吸引我。

爲什麼？我是佛教徒，用佛法解釋，因緣吧！「因」不可知，緣是現在的，人生有好緣，感覺總是好，就算這輩子不會見到王學忠，仍然是人生中的美事一件！

再讀「中國民工」

冬天有多少飄雪
秋天有多少落葉
我就讀了幾回「中國民工」
想那民工浪潮中有個叫王學忠的
他掀起的浪花不一樣
排山的浪潮在歷史長流裡衝撞

一百多年前有二百多萬中國民工
他們是如何的被大浪
沖向太平洋東岸

為美帝修建鐵工路
完成一個大帝國的基礎建設
而他們過著牛馬不如的非人生活
一百多年了
還有幾億中國民工在生活叢林
中　流、流、流
比長江黃河的浪更洶湧
啊！中國
如何叫大浪不再到處流……

註：「中國民工」是大陸詩人王學忠在他的詩集《挑戰命運》一書的第一首詩，該書由呼和浩特市的內蒙古人民出版社出版發行，二〇〇一年五月第一版。

血色的浪花

山坡上紅艷艷如血
紅花朵朵，多美麗
給人歡喜，給人快樂

江河浪花如血
還有一朵最深紅的浪花
給我疑惑，給我警恐

神州大地的民工浪潮
是多少血？多少淚？多少汗水？
匯聚成的大江大河

小記：讀中國大陸「工人詩人」王學忠詩作雜感。二〇一〇年十一月底。台北。

本書編者著編譯作品目錄

幼獅文化出版公司	（性質）	（定價）
1.國家安全與情治機關的弔詭		200 元
大人物出版公司		
2.決戰閏八月：中共武力犯台研究		250 元
3.防衛大台灣：台海安全與三軍戰略大佈局		350 元
4.非常傳銷學（合著）	直銷教材	250 元
黎明文化出版公司		
5.孫子實戰經驗研究	兵法研究	290 元
6.解開兩岸十大弔詭	兩岸解謎	280 元
7.大陸政策與兩岸關係	政治研究	280 元
慧明出版社		
8.從地獄歸來：愛倫坡（Edgar Allan Poe）小說選		200 元
9.尋找一座山：陳福成創作集	現代詩	260 元
全華出版社		
10.軍事研究概論（合著）		250 元
龍騰出版社		
11.—14.國防通識（著編）	高中職學生課本	部頒教科書
15.—18.國防通識（著編）	高中職教師用書	部頒教科書
時英出版社		
19.五十不惑：一個軍校生的半生塵影	回憶錄	300 元
20.國家安全與戰略關係	戰略・國安	300 元
中國學四部曲：		
21.首部曲：中國歷代戰爭新詮	戰爭研究	350 元
22.二部曲：中國政治思想新詮	思想研究	400元
23.三部曲：中國四大兵法家新詮（孫子、吳起、孫臏、孔明）		350 元
24.四部曲：中國近代黨派發展研究新詮		350 元
25.春秋記實	現代詩	250 元
26.歷史上的三把利刃	歷史研究	250 元
27.國家安全論壇	學術研究	350 元
28.性情世界：陳福成詩選	現代詩	300 元
29.新領導與管理實務：新叢林時代領袖群倫的政治智慧		350 元
秀威出版社		
30.赤縣行腳・神州心旅	現代詩・傳統詩	260 元
31.八方風雨・性情世界	詩・文・評	300 元
32.男人和女人的情話真話	人生真言・小品	250 元
文史哲出版社		
33.一個軍校生的台大閒情	詩・小品・啟蒙	280 元
34.春秋正義	春秋論述・學術	300 元
35.頓悟學習	人生・頓悟・小品	260 元

36.公主與王子的夢幻	人生・啟蒙・小品	300 元
37.幻夢花開一江山	傳統詩詞風格	200 元
38.奇謀迷情與輪迴（一）被詛咒的島嶼	小說	220 元
39.奇謀迷情與輪迴（二）進出三界大滅絕	小說	220 元
40.奇謀迷情與輪迴（三）我的中陰身經歷記	小說	300 元
41.春秋詩選	現代詩	380 元
42.愛倫坡（Edgar Allan Poe）經典小說新選		280 元
43.神劍或屠刀	思想研究	220 元
44.洄游的鮭魚	四川重慶成都之旅	300 元
45.山西芮城劉焦智「鳳梅人」報研究	春秋典型人物研究	340 元
46.古道・秋風・瘦筆	春秋批判・小品	280 元
47.三月詩會研究：春秋大業十八年	三月詩會研究	560 元
48.春秋圖鑑：回頭看中國近百年史（編）	三千六百張圖照說明	
49.二〇〇八這一年，我們良心在那裡？（編）		
50.中國意象（編）	二千張圖照	
51.台灣邊陲之美	詩・散文	
52.奇謀・迷情・輪迴小說（合訂本）		760 元
53.在「鳳梅人」小橋上：山西芮城三人行旅行文學	旅遊、考察、文學	480 元
54.陳福成作品講評論文集（編）		
55.中國民間神譜（編）		
56.我所知道的孫大公：黃埔二十八期孫大公研究	春秋典型	320 元
57.找尋理想國 —— 中國式民主政治研究要綱	政治思想	160 元
58.漸凍勇士陳宏傳 —— 他和劉學慧的傳奇故事	勵志典型	260 元
59.天帝教研究		
60.大浩劫後 —— 日本東京都知事石原慎太郎「天譴說」溯源探解		160 元
61.第四波戰爭開山鼻祖賓拉登 —— 及戰爭之常變研究要綱		180 元
62.台大逸仙學會 —— 兼論統派經營中國統一事業大戰略要領芻議		280 元

唐山出版社

63.公館台大地區開發史	地方文史研究	
64.從皈依到短期出家	不同人生體驗	

購買方法：

方法 1.全國各書店　　方法 2.各出版社

方法 3.電腦鍵入關鍵字：博客來網路書店→時英出版社

方法 4.時英出版社　電話：（02）2363-7348、（02）2363-4803
地址：台北市新生南路 3 段 88 號 3 樓之 1

方法 5.秀威資訊科技公司　電話：（02）2796-3638
地址：台北市內湖區瑞光路 76 巷 65 號 1 樓

方法 6.唐山出版社：（02）8369-2342
地址：100 台北市羅斯福路 3 段 333 巷 9 號 B1

方法 7.文史哲出版社：（02）2351-1028　郵政劃撥：16180175
地址：100 台北市羅斯福路 1 段 72 巷 4 號

附記：以上各書凡有訂價者均已正式出版完畢，部頒教科書未訂價。另有未訂價者均在近期出版。